サラリーマンも・自営業者も・
公務員も・パートタイマーも

5,000円から始める
確定拠出年金

プルーデント・ジャパン代表取締役
瀧川茂一

ファイナンシャルプランナー
小山信康

彩図社

はじめに

「確定拠出年金制度」

みなさんはこの制度をご存じでしょうか。この制度を理解し、そのメリットを知っているでしょうか？

実際のところ、「よく知らない」「よく分からない」という方も多いでしょう。

ただ、すでにこの本を手に取られた以上、「使ったら自分に良いことがあるのでは？」という期待も持っているはずです。

今はそれで充分です。本書を読めば、しっかりと理解できるのですから。


私は10年以上、確定拠出年金に関わる仕事をしています。主にセミナーの講師として、初めてこの制度にふれる方に、そのメリットや活用方法について、何万人という方に説明してきました。

開始当初には「コイツ、あやしいな」という表情で私を見る人もいらっしゃいま

はじめに

すが、30分も話せば「なんだ、すごくいい制度じゃないか」と素直な表情に変わります。すぐには理解できないかもしれませんが、**この確定拠出年金という制度は本当に良い制度なのです。**

法の改正によって、２０１７年1月からは、今まで加入できなかった公務員や専業主婦（夫）の方なども加入できるようになりました。このことをきっかけに、厚生労働省も確定供出年金の普及に本腰を入れるようになったと言っても過言ではありません。

「国が認めた制度でお金を貯めればトクをする」のです。

なぜトクをするのか、答えは本文に記してあります。それだけではなく、「簡単にトクできる」ことも理解できるように、具体的な加入方法・活用方法についても記しました。

ぜひこの制度を知り、その良さを味わってください。

ファイナンシャル・プランナー　小山信康

もくじ

1章　貯めてもうける不思議なしくみ

2章　絶対おトクな預金方法

3章　確定拠出年金だけの特別な保険

4章　もし投資をしたくなったら

5章　実践してみよう

6章　サラリーマンの確定拠出年金

7章　将来、お金を受け取る時の話

1章

貯めてもうける不思議なしくみ

絶対にトクする特別キャッシュバック

もしこんな言葉をかけられたら、あなたは信じますか？

「毎月５０００円、年間合計６万円を、規定の口座に貯めてください。そうすれば、**最低でも15％**、９０００円はキャッシュバックします」

普通ならとても信じられないでしょう。

現在、普通の預貯金の金利は、たとえばゆうちょ銀行では０.００１％です。定期で１０００万円を預けたとしても、１年で１０００円しか増えません（２０１７年1月時点・税引き前）。

こんなキビシイ時代に冒頭の言葉を言われたとしても、高利率をうたった詐欺を疑って、お金を預ける気にはならないはずです。

しかし、これは**信用してもいい話**なのです。

もしこの発言をしたのが一部の消費者金融やヤミ金などであれば、確かに疑ってかかる必要がありますが、実際は厚生労働省が管轄する国民年金基金連合会（国基連）という機関の言葉です。

つまり、これは**国が認めている制度**と言えます。

この制度を**「確定拠出年金」**といいます。

念のため、国基連の記述を転載しましょう。

> 支払われた掛金は全額所得控除（小規模企業共済等掛金控除）の対象となり、所得税、住民税が軽減されます。
>
> （出典　http://www.npfa.or.jp/401K/about/tax.html）

はっきりと、「所得税、住民税が軽減されます」と記されています。

国が管轄する団体が、「税金を減らす」と言っているのです。

そしてその最低限度額が、冒頭のセリフにある数字です。**毎月５０００円**、年間合計6万円を規定の口座に貯めれば、9000円はキャッシュバックされる計算になります。

なぜ毎月5000円なのかというと、制度として毎月、最低5000円は積み立てる決まりになっているからです。

5000円といえば、スマートフォンの1ヵ月分の代金くらいです。家計を少し工夫すれば、無理のない額と言えるでしょう。

では、どのようにキャッシュバックをしてくれるのでしょうか。

みなさんは、毎年税金を払っていることと思われますが、その税金の一部がキャッシュバックされるのです。

もう少し詳しく書くと、確定拠出年金によるキャッシュバックは**所得控除**によって実現されます。

年末になると、多くの方が年末調整を行います。会社員の方は、年末調整で税金の申告を終了する人がほとんどでしょう。

この時、確定拠出年金で積み立てたお金（掛金）は、その金額すべてが控除対象

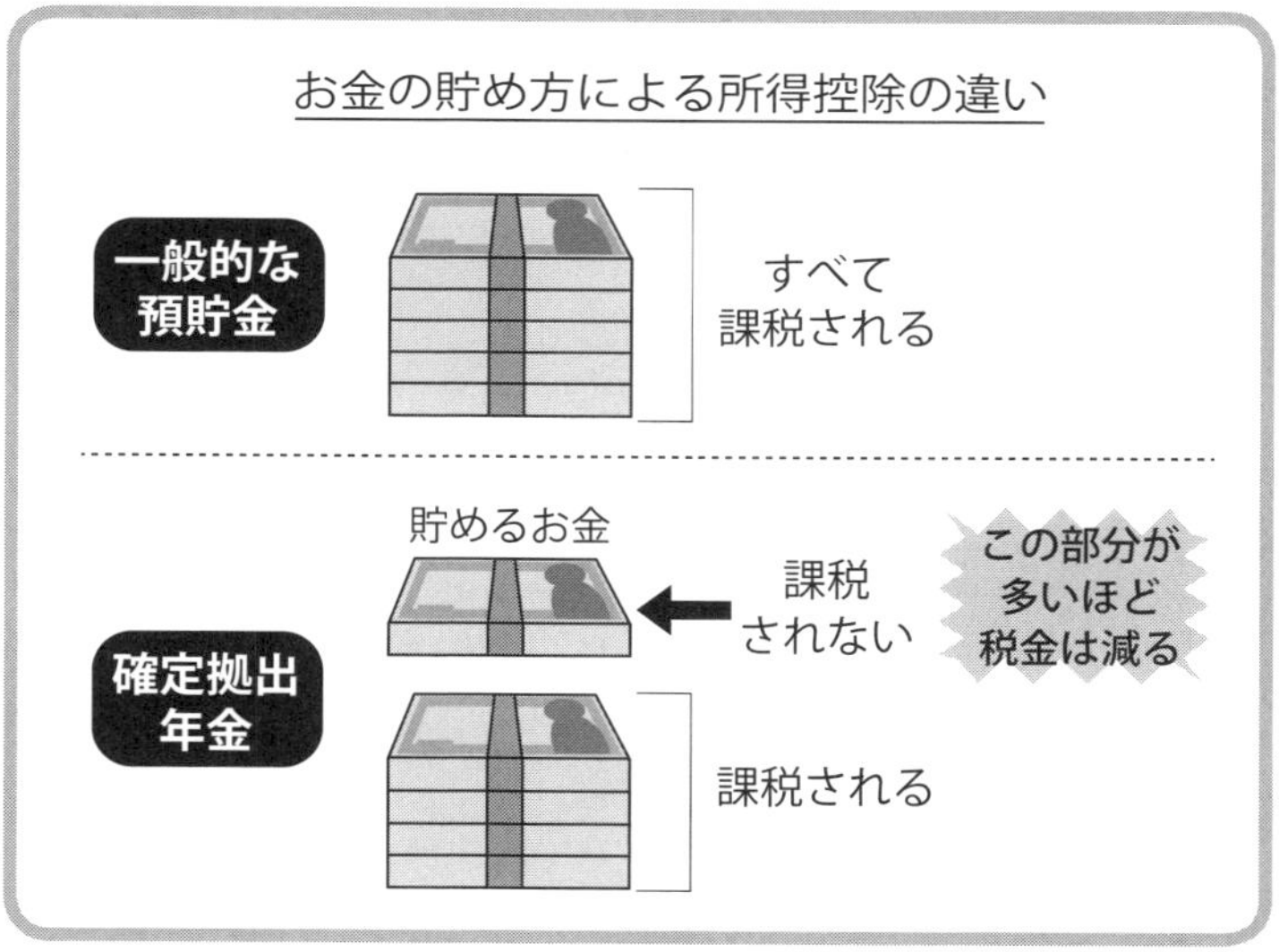

になります。

つまり、**積み立てた分の金額をまるまる、所得から差し引いてくれる**のです。

その結果、「確定拠出年金で積み立てた分は、本当は税金がかかりません。今は税金をもらい過ぎている状態なので、その分をお返しします」といった形で税金が還付されることになります。

民間の保険に加入していても所得税の還付を受けることはできますが、その場合、どんなに保険料を支払っていても、12万円以上は控除対象になりません。

その点、**積み立てた金額すべてが控除対象になる**確定拠出年金は、間違いなくおトクなのです。

お金の世界では、「絶対にもうかる」というセリフを信用してはいけません。ですが、この確定拠出年金に限っては、国が認めた「絶対にもうかる」方法と言えるのです。

しかし、こんな大事なことなのに、誰も教えてくれません。大学の授業でも取り上げられないし、会社の経理担当者が教えてくれるわけでもありません。

自分で調べて、利用するしかないのです。

■誰でも使えるようになった

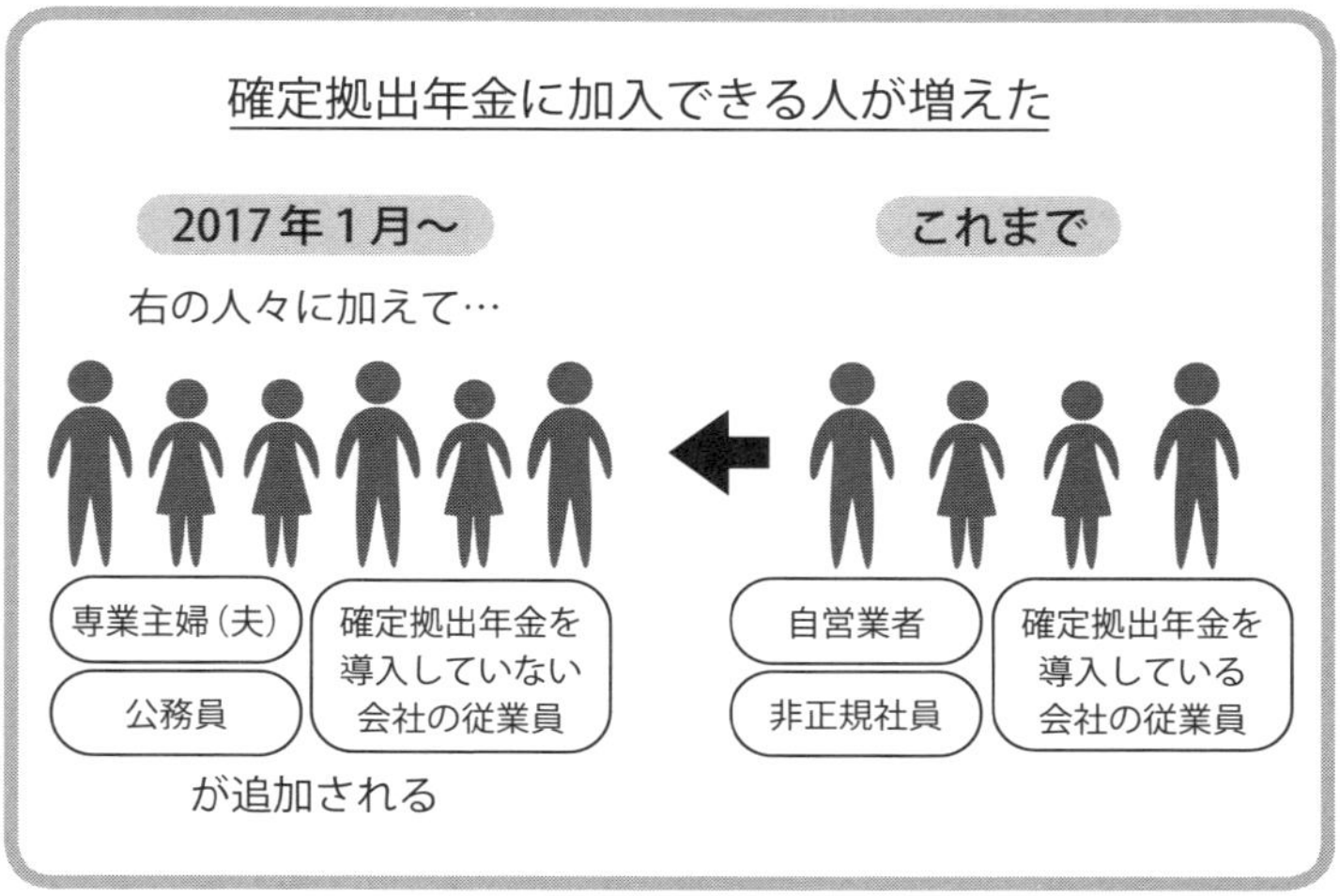

とはいえ、この確定拠出年金はあまり知名度が高くありません。

「名前を聞いたことはあるけど、中身はよく分からない」「言葉自体、初めて聞いた」という方も多いでしょう。

知らないのも無理はありません。なぜならこの制度は、今まで利用できる人が限られていたからです。

ですが、2017年1月からは上の図のように、サラリーマン、自営業者、フリーター、パートタイマーから公務員、専業主婦（夫）まで、**20歳以上の方ならほとんどの人が加入できるようになりました。**

利用を開始さえすれば絶対にトクをする制度なので、ぜひ始めてみてください。

■運用方法は自分で決められる

ちなみに、ここまでの話を聞いた人から、「でも結局、投資とかさせられるんだろ？」という質問をされることがあります。

もちろん、確定拠出年金を利用して投資をすることも可能です。ただ、それは**「しなければならない」ではなくて、「することもできる」**です。

確定拠出年金では、お金をどのように使うかを自分で決めることができます。選択肢は、大きく分けて、預貯金・保険・投資商品の3つです。

安全に貯めておきたいのなら、預貯金を選んでまるまる貯めておけば、元本保証で安全かつ簡単に、節税しながらお金を増やすことができます。

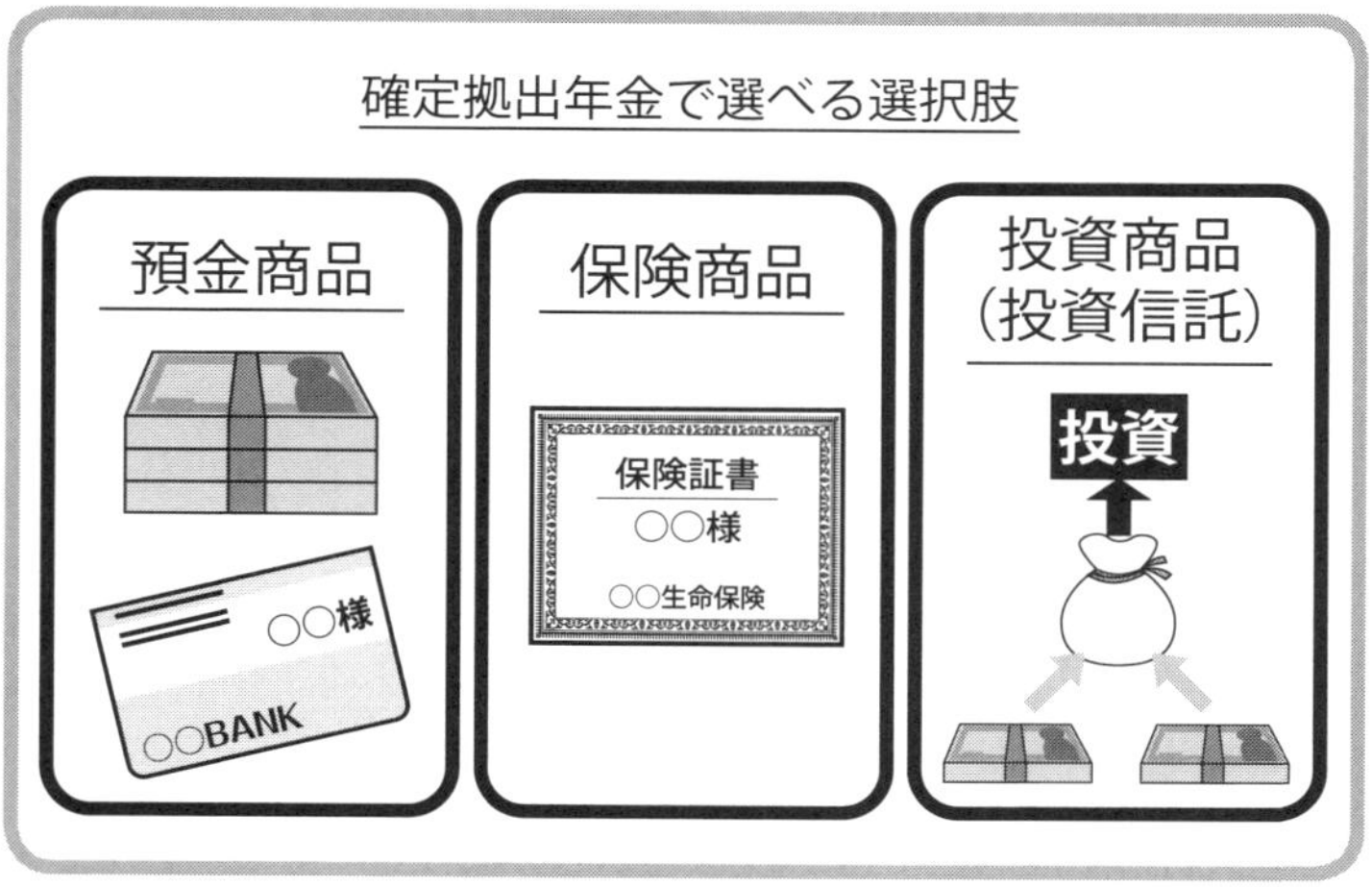

逆に、「少しだけなら投資してもいい」という人は、投資信託を買うこともできます。

半分は預貯金、半分は投資信託にすることも可能です。配分も私たち自身で自由に決められます。

つまり、投資は「選択肢のひとつ」であって、**「義務」ではない**のです。投資をしたくなければ、しなくてもまったく問題ありません。

だから、無理をする必要はありません。まずは「毎月5000円ずつ貯めて、税金をキャッシュバックする」という点に目を向けておけばいいのです。

老後にだけ開けられる現代の玉手箱

それでも、「話がうますぎる。何かカラクリがあるはずだ」と考える人がいるかもしれません。

確かに、税収が少なくて苦労しているはずの国が、なぜこのようなしくみを導入するのか、気になるところでしょう。

その理由は、これからの時代、**私たちは老後資金を自分でためる必要がある**からです。

その昔、「ハッピーリタイア」という言葉が使われていたことをご存知でしょうか？

老後は公的年金をたっぷりと受け取りながら、優雅に暮らすことができるという意味です。今となっては夢物語のような話ですが、バブルが崩壊するまではそれが一般的な老後のイメージだったのです。

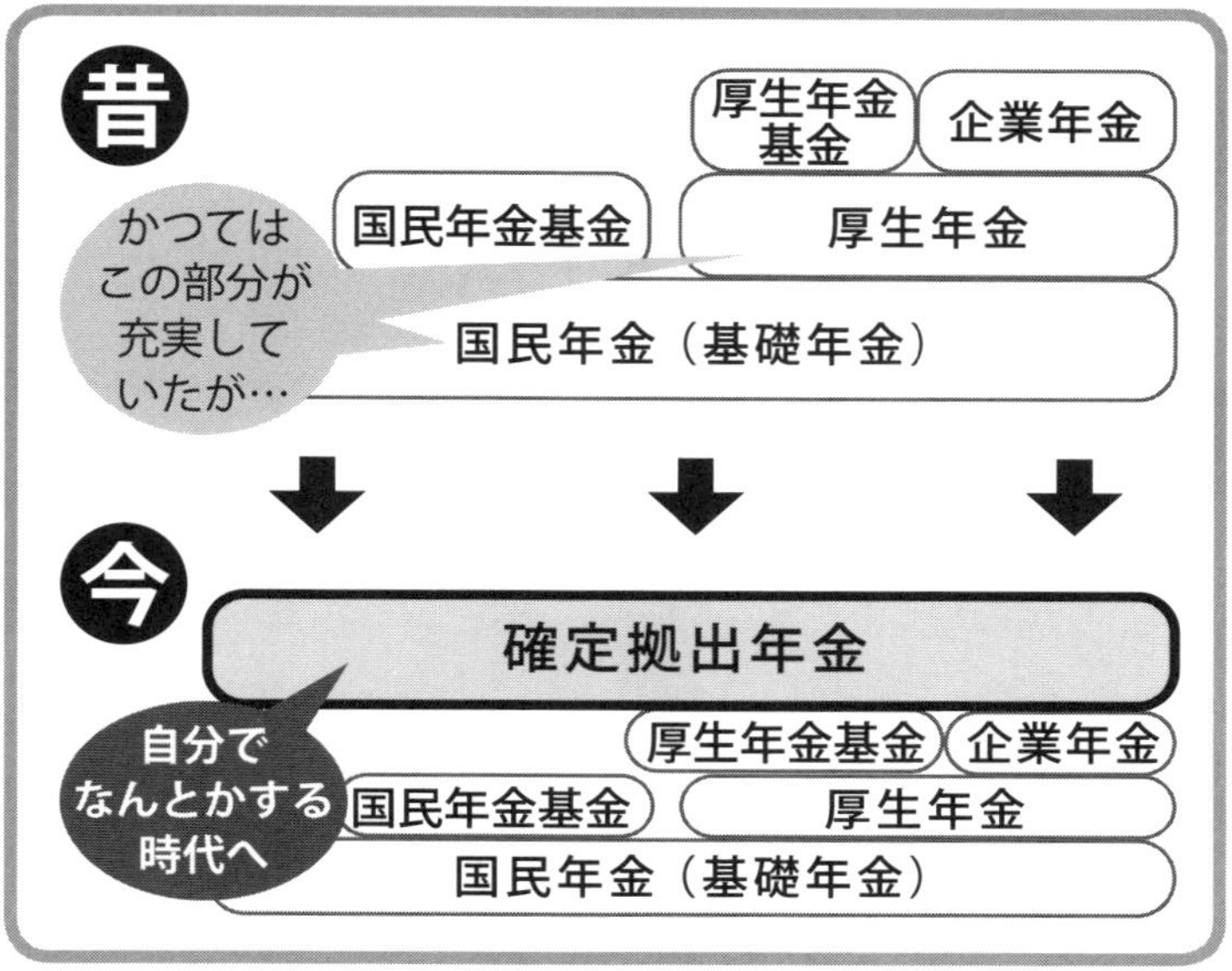

現役時代に一生懸命働いて、税金や社会保険料を納める代わりに、悠々自適の老後が待っている――それが日本人の描くライフプランでした。

ところが、現代ではそのライフプランは崩れ去ってしまいました。将来の私たちの生活は、今のお年寄りよりもずっとシビアになることが予想されます。

少子高齢化が進んだことで年金を受け取る人は増えるのに、年金保険料を払う人は少なくなっています。〝このままでは公的年金制度は破たんするのではないか〟という噂がたつほどの事態に陥っています。現在のところ、年金の支給開始年齢は基本的に65歳ですが、将来的には70歳になるかもしれないし、金額が減る可能性もあります。

公的年金だけで幸せな老後を満喫することは、もはや不可能だと思った方がいいでしょう。

そこで打ち出されたのが、確定拠出年金です。

この制度の名前は、「拠出」する金額が「確定」しているお金を加入者が自主的に運用するというところから来ており、自分で自分の年金を作ることを目的としています。

公的年金や、企業が独自に設定する企業年金がすでに存在しているのに、それでも確定拠出年金が始まったということは……

「公的年金が減ってしまってごめんね。その代わりに、もし自分で老後に備えるのなら税金を減らしてあげるよ」

国の意図を代弁すれば、このようになるかもしれません。

そのため、確定拠出年金で貯めたお金は、原則として60歳になるまで引き出せないしくみになっているのです。

こうして考えてみると、確定拠出年金を使わないのは、制度を有効活用していないというより、**公的な社会保障制度の使用権をみずから放棄している**と捉えることもできます。

この制度を活用せずに老後を迎えることに、みなさんは不安を感じませんか？

■もう確定拠出年金を始めている人たちがいる

確定拠出年金は、じつは２００１年から始まった、意外にも長く続いている制度です。そのため、もう既に始めている方も少なくありません。なかには、15年以上も確定拠出年金でトクをしながらお金を積み立てているケースもあります。

それはどんな人たちかといえば、大手企業の会社員です。

確定拠出年金には、**「企業型」**と**「個人型」**の2種類があります。

お金を積み立てるという点では共通していますが、企業が福利厚生の一環として導入しているのが「企業型」、一人ひとりが自分自身でお金を積み立てていくのが「個人型」です。

2016年9月末の時点で、確定拠出年金には約610万人の人が加入していますが、そのほとんどが「企業型」です。

つまり、積極的に加入したというより、「会社が導入したから強制的に加入させられた」という人が大部分を占めているのです。

積み立てるお金は企業から出ていることが多いため、彼らはいつの間にかトクをしていたと言えます。

この「いつの間にか」組が前述の、上場企業をはじめとする大手企業で働いている人々です。企業型を導入するためには諸々の費用がかかるため、ある程度お金に

確定拠出年金の種類

個人型		企業型
個人	加入主体	企業
ほぼ誰でもOK	加入できる人	企業の従業員
本人	掛金を出す人	企業
自営業者等… 月額 68,000 円 など （55ページ参照）	限度額	月額 27,500 円 または 55,000 円 ※他の企業年金を実施しているか否かで変わる

余裕のある企業でないと導入することが難しいからです。

一方で、「個人型」は自分で収入の一部を積み立てていくものです。

基本的なルールは全国一律で、**毎月5000円から**積み立てられます。

金額の変更は1000円単位で、年に一度、途中で変更することもできます。

自由度という点では「個人型」のほうが高くなっており、いろいろな選択肢から自分に合ったものを選ぶことができます。

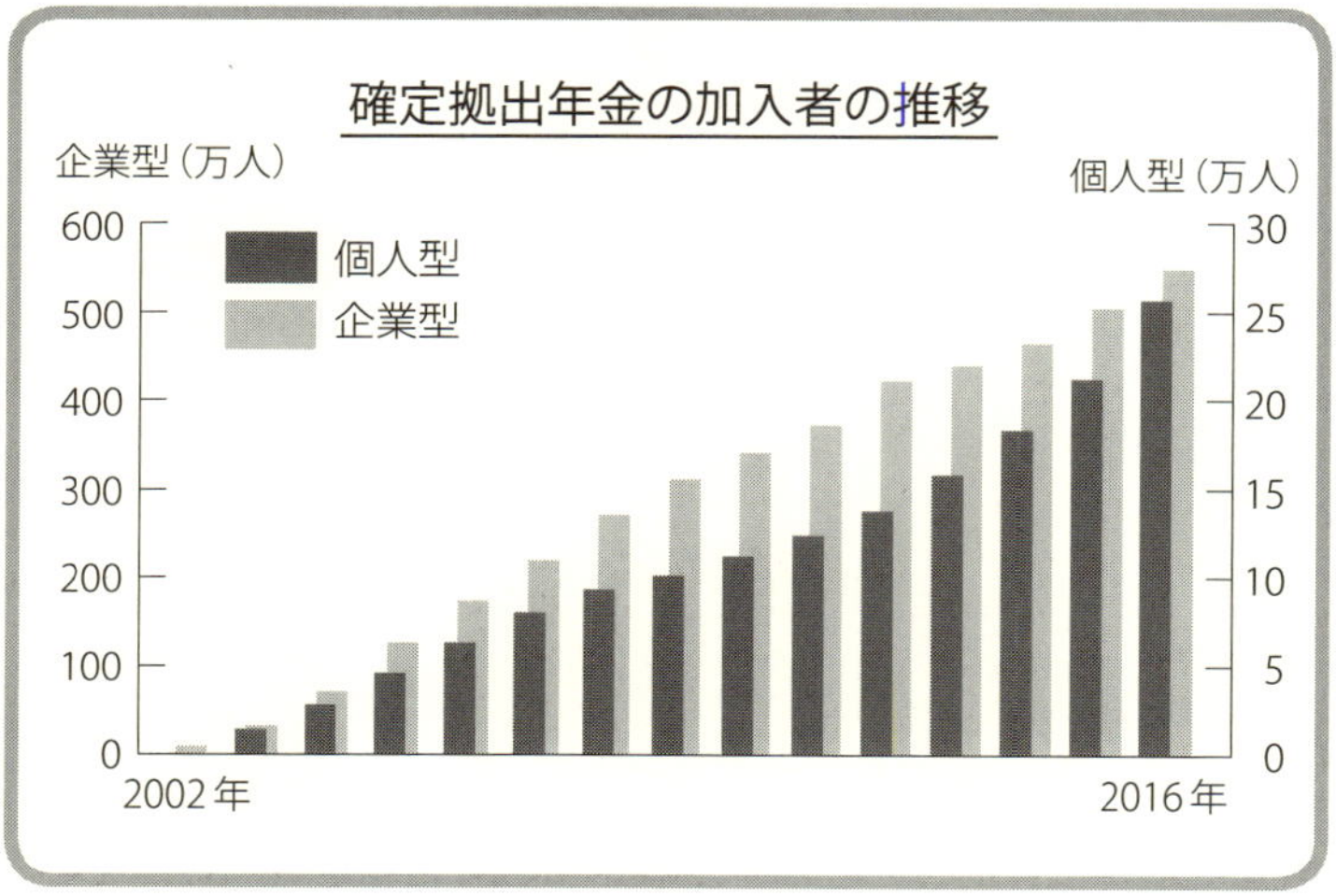

このように書くと、「なんだか面倒くさそうだから、わざわざやらなくてもいいかな？」と思ってしまうかもしれません。

実際、そのように考えた人が多かったので、これまで「個人型」で加入する方は少数でした。

ただ、上のグラフの通り、着実にその数は増えています。この制度がおトクなことに気付いた人が、続々と加入しているのです。

私たちがこの制度を使わないのは、非常にもったいないのです。

■早く始めた方がトクをする

ここで、次のように考える人もいるでしょう。

「しばらく考えてからやってみるよ」

「じっくり検討してみないと」

もちろん、お金のことなので慎重に検討することも大切です。

ただし、現在の制度では、**月ごとにキャッシュバックの権利が設定されていて、**後からはさかのぼれないシステムになっています。

たとえば、「今月に2万円の積み立てをすれば3０００円のキャッシュバックをしますよ」と言われたとしましょう。

このとき、積み立てをしなければ、その月の分のキャッシュバックの権利は消えます。その後、「翌月は4万円の積み立てで6０００円キャッシュバックします」とは決してなりません。**一度失った権利は永遠に戻ってこない**のです。

逆に言うと、すぐに始めれば、その月からキャッシュバックが始まります。そして、60歳になるまでキャッシュバックの権利がずっと続くということです。

世の中にはさまざまな制度があり、その中にはおトクなものもたくさんありますが、そもそも知らなければ使うこともできません。

みなさんも、「ああ、知っていて良かった」と思った経験があるはずです。同じくらい「知らなくて損をした」と思ったこともあるでしょう。

確定拠出年金もそのひとつです。そして、始めるのなら早くした方がメリットは大きくなるのです。

■一度手続きをしたあとは放置でいい

確定拠出年金は国の制度なので、加入手続きのために何枚か書類を書く必要があります。国の制度の常で、その点については少々面倒です。

でも、その若干の手間さえクリアしてしまえば、あとは簡単です。最初に定期預金のような元本確保型の商品を選んでおけば、元本割れすることなく着実に資産が積み上がっていきます。

特に手間はかかりません。お金は銀行口座からの自動引き落としで勝手に積み立てられていきますし、会社が協力してくれれば、給与天引きにすることもできます。

つまり、**放っておいてもいい**のです。


これがもし投資をしているのなら、そうはいきません。さまざまな分野の勉強が必要になってきますし、必要に応じた見直しも必要です。

ですが、前述の通り、投資は確定拠出年金を利用するにあたって、義務ではありません。積み立てるだけでもトクするしくみになっていますから、複雑な運用の勉強をして、頭を悩ませる必要もありません。今まで通りの生活を続けていれば、それでいいのです。

ちなみに、途中で運用方法を変更することも可能なので、ある日思い立って投資を始めるということも簡単にできます。
もちろん、そうなった場合も、貯めたお金が無駄になることはありません。

そもそも、お金を積み立てる時に大切なことは、頭を使わないことです。

頭を使って積み立てを続けていると、積み立てる行為自体に疲れを感じてしまい、結局途中で止めてしまいます。

「なんとなく、いつの間にか貯まっていた」——それが理想の積み立て方です。

その意味でも、給与天引きや口座引き落としで、給与口座と別のところにお金が自然と貯まっていくしくみを作ることが、お金を貯める上ではとても大事なのです。

■確定拠出年金に向かない人もいる

ここまで「確定拠出年金はおトク！」と書いてきましたが、じつはそうはならない人もいます。**それは税金を払っていない人**です。代表的なのは、専業主婦(夫)の方々です。

確定拠出年金は、そもそも税金を減らすしくみです。払うべき税金がない人にとっては、還付される税金はありません。

そのため、専業主婦（夫）として扶養家族になり、税金をまったく支払っていないという方には不向きなのです。まったくトクな面がないとは言い切れませんが、専用口座の管理には手数料が必要になる（58ページ参照）ことを考えると、むしろ損をしてしまうくらいです。

専業主婦(夫)の方が確定拠出年金を検討する場合は、これらのメリットとデメリットを比較してみる必要があります。

また、**所得が少ない場合も効果が減ります**。

たとえば、課税される所得が10万円の人が30万円の積み立てをしても、そもそもの所得が10万円しかないので、10万円分しか所得控除できません。

差額の20万円は切り捨てられてしまうので、積み立てた分の３分の１しか税金の

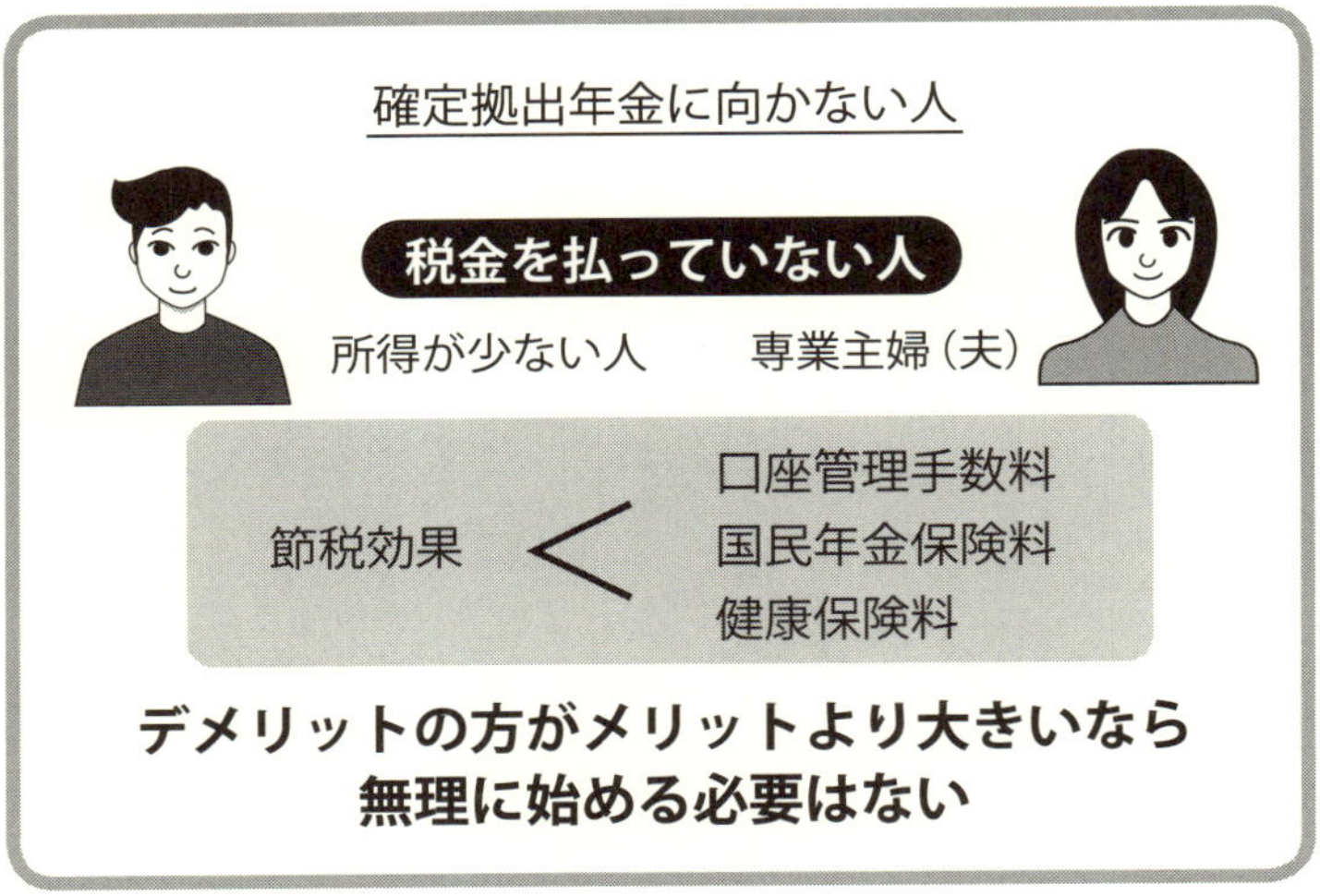

軽減効果がなかったということになってしまいます。

よって、収入が少ない人は確定拠出年金に加入しなくてもいいかもしれません。

貴重な資産の一部が60歳まで引き出すことができなくなってしまうと、かえって今の生活が苦しくなるかもしれないからです。

また、ある程度所得のある人でも、**住宅ローン控除等によって税額控除を受けている人**は、やはりその**効果が減ります**。

確定拠出年金への加入を検討する場合は、次の2点を確認しておいた方が良いでしょう。

①去年はどれくらい税金を払っていたのか？
②今年はどれくらい税金を払うのか？

所得税や住民税の合計額が1万円を下回っていたら、加入を見合わせた方が良いかもしれません。

逆に言うと、所得が多い人ほど確定拠出年金への加入を積極的に考えた方が良いということになります。

たとえば、所得が195万円以下の人が確定拠出年金で10万円を積み立てたとすると、その約15％にあたる1万5110円の節税効果が得られます。

一方で、所得が4500万円の人であれば、10万円の積み立てで5万5950円の節税効果が得られます。積み立てた金額の半分以上に相当する金額が還付されるのです。

このように、**税率が高ければ高いほど、節税効果も高くなる**しくみになっています。

一般的に考えれば、所得の多い人ほど貯蓄するだけの余裕があるはずです。ところが、実際は交際費などの出費がかさみ、手元にあるだけお金を使ってしまう傾向があるため、「所得は多いけどじつは貯金がない」という人も意外と多いものです。元セレブが破産というニュースが後を絶たないのはそのためです。

せっかくなので、所得に余裕がある方は、確定拠出年金の活用を検討してみるべきでしょう。

なお、**国民年金の保険料を支払っていない時期は、確定拠出年金も利用できません**（専業主婦等の第3号被保険者を除く）。支払っていない期間に積み立てたお金は手数料を引いて還付されることになるので、まずはしっかり国民年金の保険料を支払いましょう。

■公的制度を使った資産防衛時代

確定拠出年金で貯める資産は、「老後のため」と目的がはっきり決まっているため、一部の例外を除いて60歳になるまでは引き出せません。結婚や出産、住宅購入などのライフイベントが起きた時に「少し使おう」と思っても引き出せません。

ただ、この「使うことができない」というのは、別の面では有利に働きます。

確定拠出年金で貯めたお金は、**たとえ破産しても奪われることはない**のです。

破産するとなると、預貯金や家財などのすべてが清算の対象となります。生活に必要な最低限のもの以外は、ほとんど借金のカタに持っていかれるようなイメージです。

しかし、確定拠出年金の資産は、清算される資産には含まれません。たとえ破産しても、確定拠出年金は残ります。無一文になることはないのです。

日本経済は不安定さを増してきています。

バブル崩壊までは大企業で働いていればそれだけで安泰と言えましたが、現代は一部上場企業さえも突然破たんする時代です。ご存知のように、あのシャープでさえも外国企業に身売りしました。

いよいよ日本も、国や企業が守ってくれるのではなく、**自分で自分の身を守らなければならない時代**になったのです。

確定拠出年金はまさに、自分で自分の老後を守るためのリーサルウエポン（最終兵器）です。まだ制度ができて15年程度ですが、これからの時代にふさわしい資産防衛の手段こそ、確定拠出年金なのです。

国も私たちをバックアップしてくれています。

制度の中身を理解して、十分に活用しましょう。

2章

絶対おトクな預金方法

どのくらいトクをするのか？

1章で見たように、確定拠出年金は多くの人にとって、とてもメリットの大きい貯蓄方法です。

投資をしなくても、一般的な預金と同じようにただ貯めるだけで、そのメリットを得ることは十分可能です。

そこでこの章では、確定拠出年金で預金をした場合、どのようになっていくのかを見ていきます。

みなさんが気になるのは、やはり具体的な金額にしてどのくらいおトクになるのかでしょう。まずは一般的な預貯金と比べてどのくらい差が出てくるのか、税金を考慮した上で比較してみます。

年収が300万円のAさん

年収…300万円

税率…15.105%※

①の預金利率…
年1%

収入から
毎月5,000円、
1年で6万円を
貯めるぞ！

	5年後	→ 10年後	→ 20年後	→ 30年後
①一般的な預貯金の場合	25.8万円	52.8万円	110万円	171.9万円
②確定拠出年金の場合	30.6万円	62.7万円	132.1万円	208.7万円
①と②の差額	4.8万円	9.9万円	22.1万円	36.8万円

※税率は家族構成等により異なるが、ここでは以下のようにしている。
所得税15%＋住民税5%＋復興特別所得税（所得税×1.021%）

●年収が300万円のAさんのケース

Aさんが、①一般の銀行に定期預金をした場合と、②確定拠出年金で預金した場合の2つを試算したのが上の図です。

確定拠出年金の方がより多くのお金を貯められることがはっきり分かります。

5年後に約5万円、10年後に約10万円、30年後になるとなんと約37万円の差がつく計算になります。

◆どのくらいトクをするのか？◆

年収が600万円のBさん

年収…600万円

税率…20.21%※

①の預金利率…年１%

収入から
毎月 5,000円、
１年で６万円を
貯めるぞ！

	5年後 →	10年後 →	20年後 →	30年後
①一般的な預貯金の場合	24.3万円	49.6万円	103.3万円	161.5万円
②確定拠出年金の場合	30.6万円	62.7万円	132.1万円	208.7万円
①と②の差額	6.3万円	13.1万円	28.8万円	47.2万円

※税率は家族構成等により異なるが、ここでは以下のようにしている。
所得税 10%＋住民税 10%＋復興特別所得税（所得税 ×1.021%）

もしこれを毎月２万円ずつ貯めていくとすると、30年で約１４７万円もの差になります。ちょっとした車が買えてしまえる額です。

年齢や開始時期によって差額は変わってきますが、いつ始めたとしても、確定拠出年金の方がだんぜんおトクであることがお分かりいただけるはずです。

もう一人、年収が違う人のケースを見てみましょう。

●年収が600万円のBさんのケース

右の図は、毎月の貯蓄額はAさんと同じ5000円で、年収が600万円のBさんのケースです。

30年間で約47万円もの差が出ています。こうして見ると、やはり**年収の高い人ほど節税効果も高く**なることが分かります。

ノーリスクでただお金を貯めるだけなのに、こんなに差がつくというのも不思議かもしれません。しかし、制度を知っているのと知らないのとでは、このように大きな差がつくのです。

■利息にも税金がかからない

確定拠出年金でお金を貯めることには、もうひとつのメリットがあります。

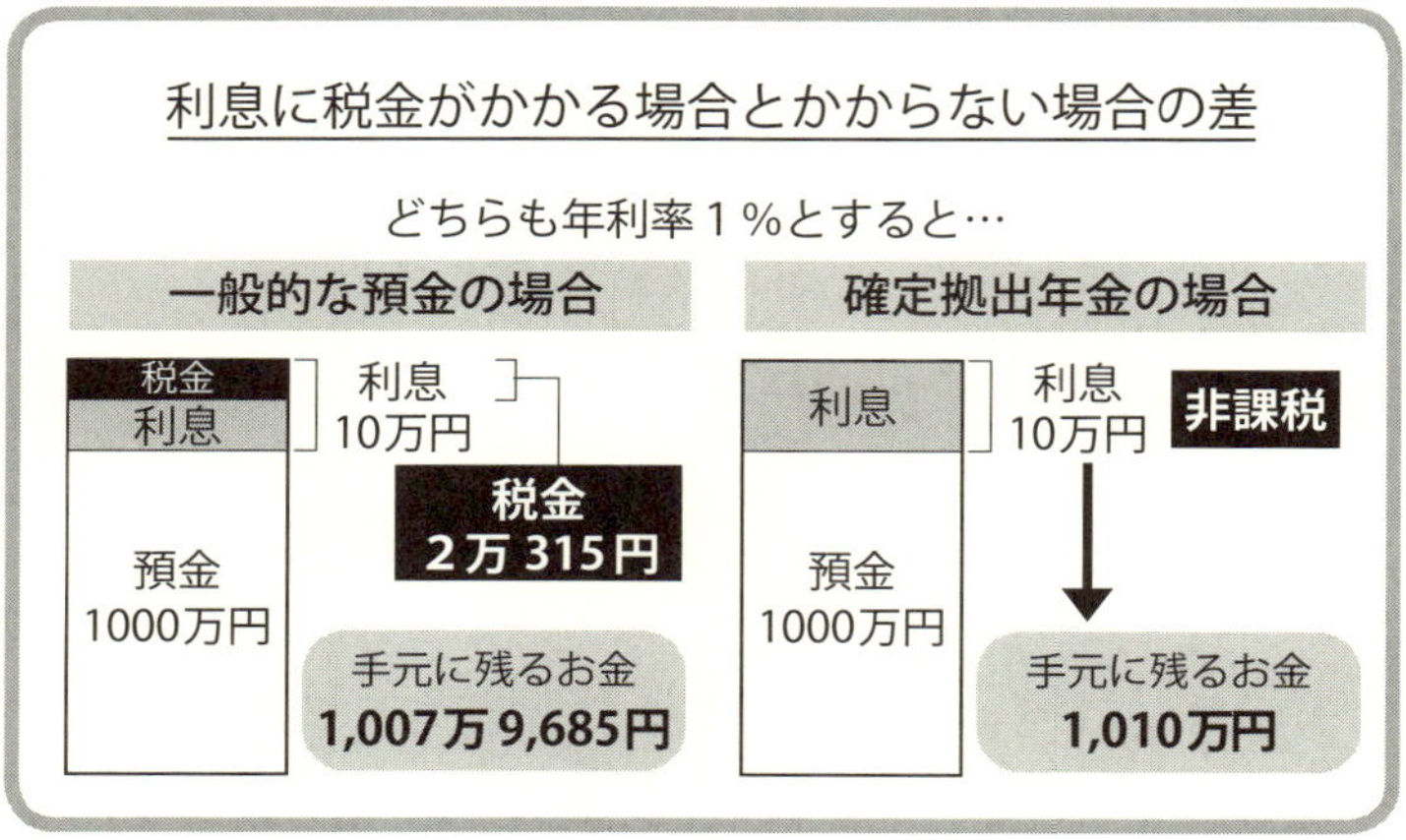

利息も非課税になるという点です。

昨今は低金利の状況が続いているため、預貯金に利息がつくことさえ忘れてしまいがちですが、確定拠出年金は何十年もの間続けることになるので、無視するわけにはいきません。

一般的な預金は、利息から普通に税金を取られます。

たとえば、年利率1％の預金に1000万円を預けると1年で10万円の利息が発生しますが、そこから2万315円が税金として差し引かれるので、手元に残るのは7万9685円になってしまいます。

しかし、確定拠出年金で年利率1％の預

【一般的な預金】と【確定拠出年金の預金】の比較

一般的な預金		確定拠出年金の預金
△やや不利	利率	◎有利
◎多い	選択肢	△少ない
△やや不利	利息にかかる税金	◎有利
◎	引き出しやすさ	△
△やや続けにくい	続けやすさ	◎続けやすい
なし	所得控除	あり

金を1000万円とすれば、まるまる10万円が残ります。

先ほどのAさんとBさんの場合も、利息に対しての税金の有無が差額にあらわれているのです。

つまり確定拠出年金は、積み立てる時は**所得控除が受けられる**という点と、**利息が非課税になる**という点で、ダブルの節税効果を活かして資産を蓄えることができるしくみなのです。

また、一般的な定期預金は、「定期」とはいえ、手続きさえすればすぐにお金を引き出すことができてしまいます。

このことは、日常生活を考えるのならとても便利です。

人生には冠婚葬祭や病気など、突発的に大きな出費が発生することがあります。

そんなとき、定期預金は便利で強い味方になってくれます。

しかしながら、すぐに引き出せるということは、**貯金としての拘束力が弱い**ということも意味します。定期預金で老後のお金をしっかり貯められるのは、とても意志の強い人に限られるのではないでしょうか。

また、預金金利についても、確定拠出年金の方が一般的な預金よりも少し高く設定される傾向がみられます。

つまり、「老後のお金を貯める」という目的を考えると、定期預金は確定拠出年金にかなわないのです。

■「いつのまにか貯まった」ができる

このように、確定拠出年金は税制上とても優遇されています。

ただ、いくら優遇されていても、たくさんのお金を一気に貯めようとするのは難しいものです。無理をすれば日常生活に支障をきたしてしまいます。

だからこそ確定拠出年金は、**毎月の積み立てで資産を蓄えられる**しくみになっているのです。

私たちがライフプランを考える時、老後に向けての準備はどうしても後回しにしてしまいがちです。現在の生活費や住宅ローンの支払いで手いっぱいですから、その点は仕方ありません。

ただ、そのまま放置していると、「ボーナスが余ったらとっておこう」「競馬で当たったらとっておこう」などと、あてにならないお金を見込んで結局実現せず、そのまま老後を迎えることになってしまいます。

だから、老後に向けての準備を始めるのであれば、強制的に貯めていかないと、お金は残りません。

そのため「個人型」では、口座引き落としによって積み立てることができるようになっています。

毎月26日が引き落とし日（休日の場合は翌営業日）なので、給与の支給日が25日のサラリーマンであれば、翌日にお金が引かれることになります。つまり、**いつの間にかお金が貯まっていく**のです。

会社によっては、給与からの天引きにも対応してくれます。天引きであれば、給与口座にも入ってこないので、さらに負担感は減ることでしょう。

「企業型」も、従業員が自分で考える必要はありません。企業が勝手に手続きを行なってくれるようになっているからです。

そして、確定拠出年金で貯めたお金は原則的に60歳まで引き出すことができません。そのため、着実に将来のためのお金を貯めておくことができます。ついお金を使いたくなってしまう人も、誘惑に負けることがないようになっているのです。

ある意味、**いいかげんだったり自分に甘い人ほど、確定拠出年金に向いている**と言えるでしょう。

お金を貯めるのはそんなに簡単ではありません。意外とストレスのたまる行為でもあります。

だからこそ、大切なのは「自然とお金が貯まっていく」「いつの間にかお金が貯まっていく」しくみを作ることなのです。

「いつの間にか老後の資産が貯まっていた」、それを達成できるのが確定拠出年金のメリットなのです。

■他の貯蓄方法とどこが違うのか

とはいえ、お金を貯める手段は他にもいくつもあります。それらと確定拠出年金を比べるとどの程度差があるのかも、気になるところでしょう。

そこで、さらなる比較をしてみます。

「老後のため」という主旨に沿って、ここでは財形年金貯蓄や個人年金保険と比較します。

●財形年金貯蓄と比べてみる

財形年金貯蓄は、財形貯蓄の中でも老後資金に特化したもので、理念的には確定拠出年金と近いので、期待が持てそうです。

財形年金貯蓄は、貯めたお金の**利息分が非課税**になります。これは一般的な定期預金よりも有利な点です。

ただ、みなさんも感じていらっしゃるでしょうが、現在の預金金利は微々たるものです。100万円を預けても、金利は0・01％程度。そこから税金を引かれるので、1年で約80円しか増えません。

この額が非課税になったとしても、トクをするのは100円程度。手間をかけてお金を移動する意味を感じられる額ではないでしょう。

しかも、財形年金貯蓄のひとつである「預金型」には積立額に550万円という限度額があり、この金額をオーバーすると課税されるようになります。節税という意味で、確定拠出年金に大きく劣るのです。

また、一般の預貯金と同じように、期限が来る前にお金を引き出すことができてしまう上に、年金以外の使用目的で払い出しを行うと、ペナルティとして過去にさかのぼって利子に課税されてしまいます。

長く続いてきた制度なので、状況次第では検討する余地もありますが、確定拠出年金がある今、選ぶのならやはり時代に合わせてつくられた新しい制度の方が良いのではないでしょうか。

●個人年金保険と比べてみる

では、個人年金保険はどうでしょうか。

こちらは財形年金貯蓄よりも少し有利になります。

名前を見ただけでは少し分かりにくいのですが、個人年金は民間の保険会社が販売している保険商品の一種です。「年金」と名前がついているのは、老後のためにお金を貯めようという程度の意味で、実際には、保険で貯蓄をするというイメージになります。

支払った保険料の一部は控除されるので、節税という点では、財形年金貯蓄に比べると効果が少し高くなります。しかし控除額には限度があり、年間8万円超の保険料は控除の対象になりません。

加えて、個人年金保険の保険料控除には、10年以上保険料を支払っていること、60歳以降でお金を受け取ることなどの制限があります。

資産の拘束度を考えると、保険の解約は心理的に抵抗があるので一定の効果はありますが、不可能というわけではありません。

しかも、個人年金保険は原則として毎月同じ保険料を支払い続けなければなりません。年に1回掛金額を変更できる確定拠出年金と比べると、融通性という点でも少し見劣りします。

これらの比較を検討すると、やはり**「確定拠出年金は非常に有利だ」**という結論に至ります。

保険料による所得税控除

年間の支払保険料等	控除額
20,000円以下	支払保険料等の全額
20,000円超 40,000円以下	支払保険料等 ×1/2+10,000円
40,000円超 80,000円以下	支払保険料等 ×1/4+20,000円
80,000円超	一律 40,000円

（平成24年1月1日以後に契約締結した分）

積立方法の比較

	銀行等の預貯金	財形年金貯蓄(預金型)	個人年金保険
予定利率	△	△	○
利用できる人	誰でも良い	被用者※	誰でも良い
利息への課税	あり	なし	なし
引き出し時の課税	なし	なし	あり
着実性	△	△	△
所得控除	×	×	△

※会社員や公務員のように雇われている人のこと

■掛金には上限がある

他の貯蓄法と比べてみると、確定拠出年金がどれほど有利か、具体的にお分かりいただけたことでしょう。

「そんなに大盤振る舞いをしてしまって良いのか？」と国のふところ具合が心配になるところですが、そこは限度額という部分できっちり締めています。

正確には**「拠出限度額」**といいますが、たとえば会社員（厚生年金加入者）が積み立てられる額は月額2万3000円まで、自営業者であれば月額6万8000円までなどと明確に決められています。

左のチャートで、自分が積み立てられるのがいくらまでなのか、確認してくださいい。ちなみにこの金額は、3章で扱う保険や、4章の投資信託の場合でも同じです。

また、確定拠出年金の口座は一人につき一口と限られています。あちこちの銀行に口座を作るということはできない上に、簡単には変更できないので、預け先は吟

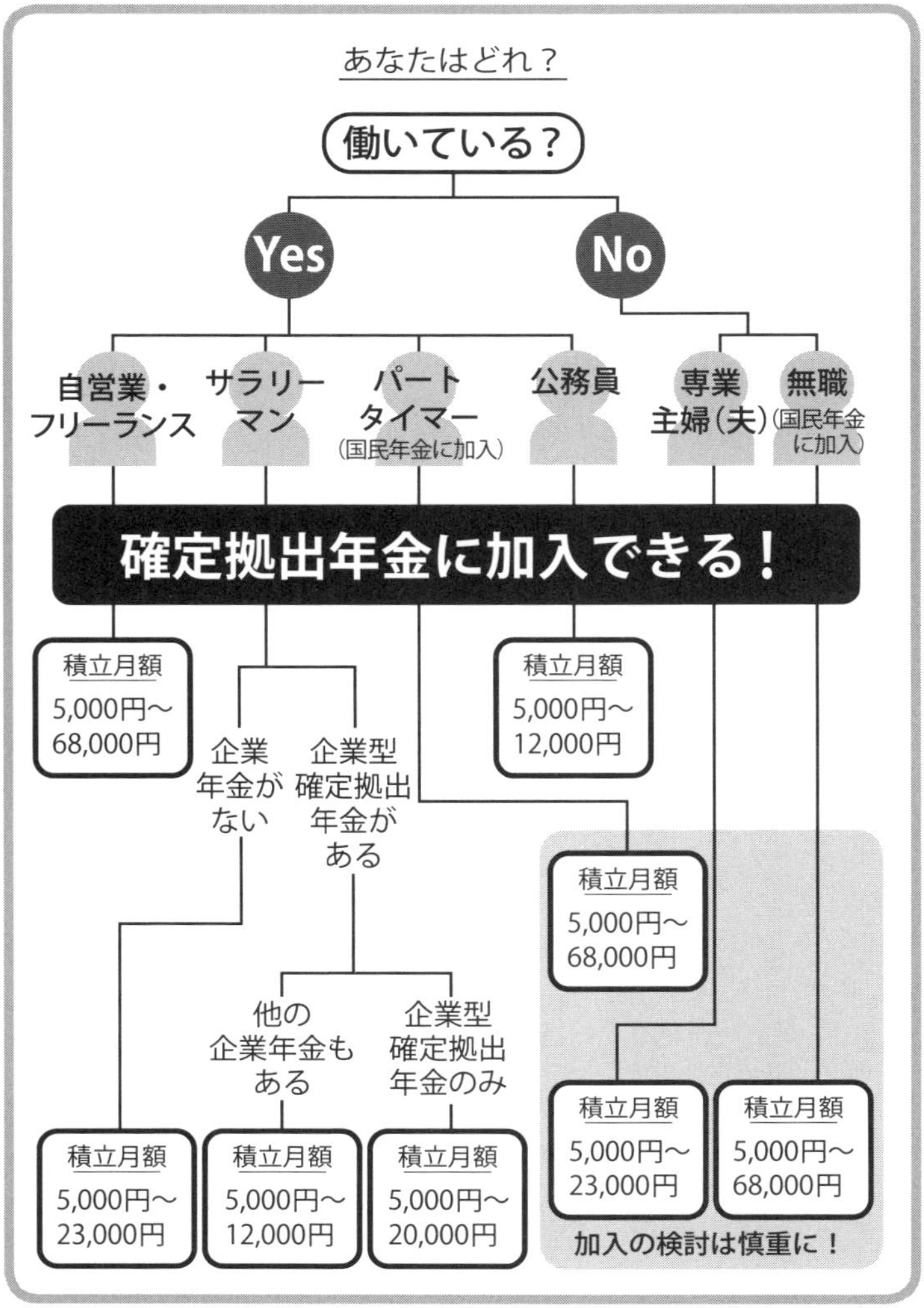
あなたはどれ？
働いている？
Yes
No
自営業・フリーランス
サラリーマン
パートタイマー
（国民年金に加入）
公務員
専業主婦（夫）
無職
（国民年金に加入）
確定拠出年金に加入できる！
積立月額
5,000円〜68,000円
企業年金がない
企業型確定拠出年金がある
他の企業年金もある
企業型確定拠出年金のみ
積立月額
5,000円〜23,000円
積立月額
5,000円〜12,000円
積立月額
5,000円〜20,000円
積立月額
5,000円〜12,000円
積立月額
5,000円〜68,000円
積立月額
5,000円〜23,000円
積立月額
5,000円〜68,000円
加入の検討は慎重に！

味して選んでください（132ページ参照）。

■積み立て額は1年に1回変えられる

読者の中には、「たくさん預ければ、その分トクも増えるのに」と、拠出限度額があることに不満を感じる方もいるかもしれません。

しかし、思い出してください。確定拠出年金で貯めたお金は、60歳になるまでは原則引き出せないのです。

いくら必死にお金を貯めても、必要な時に使えなければ意味がありません。先は長いのです。税制上の優遇に目がくらんで無理な積み立てをし、家計が破たんしてしまっては本末転倒です。だから、余っているお金をすべて確定拠出年金に注ぎ込むことは避けましょう。

とはいえ、ライフプランに変化があって積み立て額を変更したいということもあるでしょう。そんな時のために、毎月の積み立て額は年に一度だけ（4月〜翌年3月の間）変更することができます。

たとえ収入が一定であっても、支出はその時によって異なるはずです。1年間の収支を予測して、無理なく積み立てていってください。

■手数料がかかる

ここでひとつ、気をつけなければならないポイントがあります。

一般の預金と異なり、確定拠出年金では次の2つの手数料がかかります。

①初期コスト（加入時の手数料・移換にかかる手数料）…
2800〜6000円程度

②ランニングコスト（運営管理費用・資産管理費用）…月200～600円程度

①については、多くの金融機関では3000円以下ですが、一部では6000円以上かかるところもあります。ただし、最初に一度支払えばいいだけなので、重要度はそれほど高くありません。

注意が必要なのは②のランニングコストです。これは**ずっとかかり続けるコスト**です。大きな額ではないからといってあなどるわけにはいきません。

たとえば、毎月の積立額が5000円、手数料が500円とすると、毎月10％もの負担になります。また、手数料が高いところでは、1年で7000円以上になってしまいます。

ランニングコストが高いと、必然的に足かせとなってしまいますから、事前に確認が必要です。

金融機関ごとの手数料の例

金融機関	①初期コスト	②ランニングコスト（積み立てを行う場合）	預金の種類	預金の利率
りそな銀行	2,777円	月483円	2	0.01
みずほ銀行	2,777円	月460円	1	0.01
スルガ銀行（資産50万円以上）	2,777円	月167円	3	0.01
ゆうちょ銀行	2,777円	月537円	8	0.04
山梨中央銀行	2,777円	月495円	1	0.01
群馬銀行	2,777円	月491円	2	0.01
第一生命保険（資産150万円以上）	2,777円	月167円	なし	―
ＳＢＩ証券（資産50万円未満）	3,857円	月491円	1	0.01
ＳＢＩ証券（資産50万円以上）	3,857円	月167円	1	0.01
楽天証券（資産10万円以上）	2,777円	月167円	1	0.01

※預金商品が複数ある場合は一番利率の高いものを記してあります　（2017年１月４日現在）

●無料になることがある？

ちなみに、昨今は、資産残高が一定額を超えるとこの費用を無料にするところも増えています。

ただし、「無料」といってもすべてがゼロになるわけではありません。ランニングコストには、運営管理機関に対するものと、国民年金基金連合会など他の機関に対するものがあります。「無料」をうたっている場合、前者はゼロになりますが、後者までゼロになるわけではないのです。

やはりコストについてはしっかり考えて、お金の預け先を選ぶ必要があります。

●手数料という必要経費の考え方

前ページの表を見ると、ランニングコストは最大で年間７０００円以上になるようです。

７０００円というと大きな額です。もしかしたら、この額を見て、確定拠出年金

年収による節税効果の違い（会社員）

毎月の積立額	年収300万円の場合	年収600万円の場合
5,000円	9,063円	12,126円
10,000円	18,126円	24,252円
15,000円	27,189円	36,378円
20,000円	36,252円	48,504円
23,000円	41,690円	57,780円

の利用そのものを躊躇してしまう方もいるかもしれません。

しかし、ここで思い出していただきたいのが、所得控除の効果です。

上の表の通り、効果がもっとも小さなケースでも９０００円となります。

つまり、**所得控除のメリットは年間の管理費用を上回る**ということです。

よって、預金をしている限りは、トータルで赤字になるということはありません。このことを考慮した上で検討してください。

●手数料以外の要素も考える

ここまで、「手数料は低い方がいい」と書いてきましたが、実際に運営管理機関を選ぶ時には、手数料の安さ以外の要素も大事です。手数料がかかるということは、その分サポートが充実しているとも考えられるためです。

ただ安さだけを追求するだけでは、「安物買いの銭失い」になってしまいかねません。手数料に加えて、商品のラインナップやサポート体制等も確認しましょう。

この点については、5章（132ページ〜）でも書いています。

■預金の種類と選びかた

確定拠出年金の中で「預金を選ぶ」と言っても、預金にはいくつかの種類が存在し、加入者はその中からひとつを選ぶことになります。

詳細は運営管理機関ごとに異なるので、最初はどれを選んで良いのか迷ってしまうでしょう。数種類の預金を複数扱っている金融機関もあれば、預金商品を取り扱っていない金融機関もあります。

「預金を選ぶ」ことは決まっていても、その「預金」の中にもいくつもの種類がある上に、「機関」ごとの違いも考慮する必要もあるというのだから、頭が混乱してしまうのも当然です。

そのような時には、次のように考えるのが良いでしょう。

まずは「預金商品の種類」を、次に「機関」を選ぶのです。

それでは、どのような預金商品があるのかを見てみましょう。その次に、運営管理機関を選ぶ際のチェックポイントを確認します。

●預金商品の種類

預金の種類①変動金利or固定金利

ひとつめの基準は、金利の動きに関する違いです。

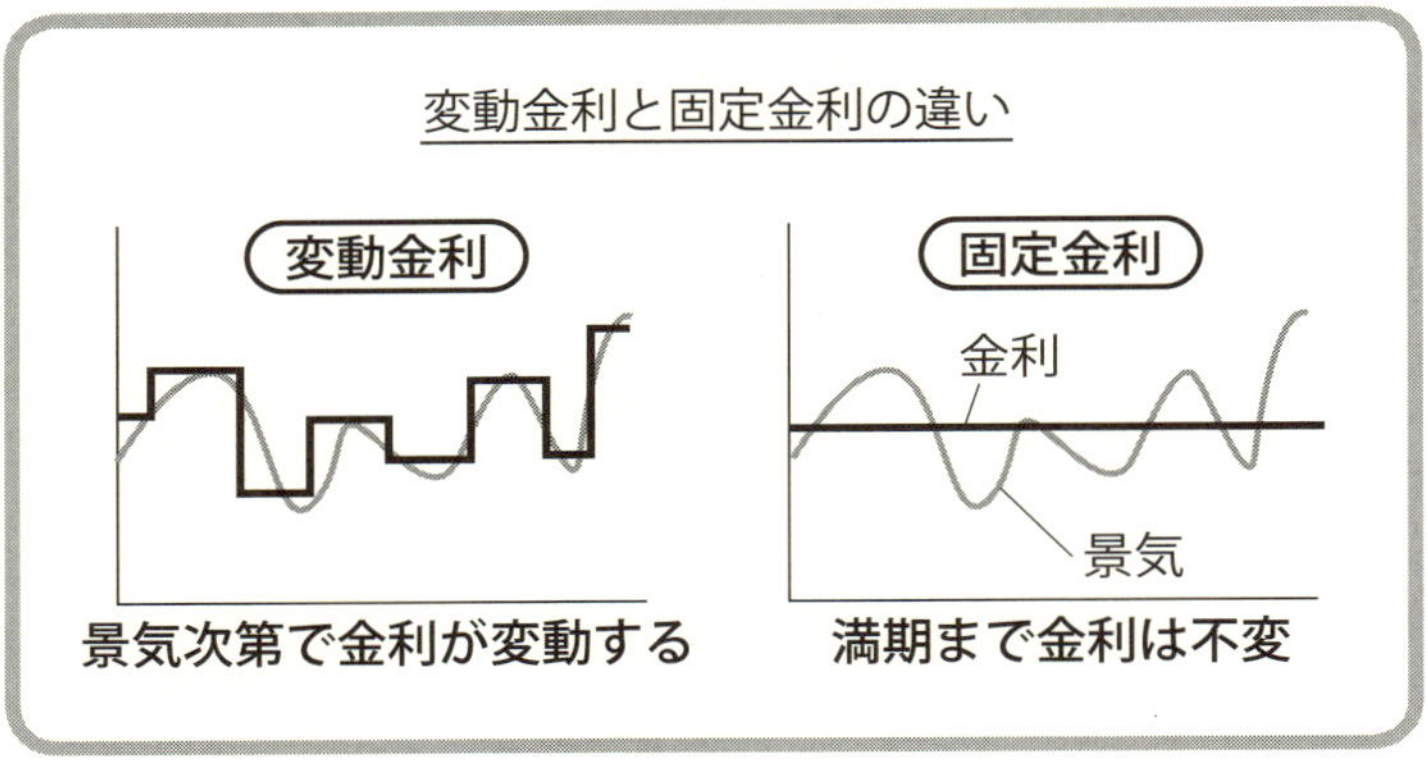

預金には、利率が変動する「変動金利」、固定したままの「固定金利」の2つがあります。

固定金利の預金は、預入期間が満期になるまで同じ利率が続きます。一方で、変動金利の預金は半年ごとに利率が見直されます。

どちらが良いのかは景気の良し悪しにも影響されますが、一般的に、金利が下落傾向の時は固定金利の方が有利と言われています。金利水準が下がっても、満期が来るまで預け入れた時の利率が維持できるからです。

一方で、金利が上昇傾向にある時は、変動金利の方が有利と言われます。上昇傾向に合わせて半年ごとに利率が切り替わるからです。

預金の種類②長期の固定金利or短期の固定金利

もうひとつの基準は、満期までの期間によって生じる違いです。

①で「固定金利」が出てきましたが、その中にも「1年満期」や「10年満期」など、商品ごとに期間が決められています。

全体的に、満期までの期間が長い預金の方が、利率が高めに設定されやすい傾向にあります。加えて、金利が下落傾向にある時は、満期までの期間が長い預金が有利であると考えられています。

これらの特性を頭に入れ、時代の流れを読み、老後のライフプランも加味した上で、どれが最適かを選ぶことになります。

●運営管理機関の選びかた

ここでまず重要なのは、**「預金」という選択肢が用意されていない金融機関もある**という点です。預金を目的とするのならば、そのような機関はひとまず候補から外しても良いでしょう。

また一方で、確定拠出年金専用の預金もあります。この場合は、一般的な預金よりも利率がやや高めに設定される傾向があります。

具体的には59ページの表の通りです。これを見ると、確定拠出年金で預金をする時は、普通預金のように「どこで口座を作っても利率はあまり変わらない」というわけではないことが分かります。

そして、機関を選ぶ上でのもうひとつのチェックポイントは、**預金商品を提供している銀行の信頼度**です。

お金を預けている銀行が破たんしてしまうと、お金の一部が減るおそれがあるので、やはり危険なにおいのする銀行への預金は避けたいものです。

ただ傾向として、破たんしそうな銀行の預金ほど利率が高めになりやすいのが悩みどころでもあります。

銀行預金はペイオフによって1000万円＋利息分は保護されているので、その点を考慮に入れ、利率と安全性のバランスを見極めて、預け先を選びましょう。

途中解約した場合の利率変更の例

満期：5年

6ヵ月未満で解約	→普通預金の利率になる
6ヵ月〜1年6ヵ月未満	→約束の利率（約定利率）の10%
1年6ヵ月〜3年未満	→約束の利率の 20%
3年〜4年未満	→約束の利率の 40%
4年〜5年未満	→約束の利率の 70%

（三菱東京ＵＦＪ確定拠出年金専用５年定期預金の例）

■途中変更は要注意

確定拠出年金では、途中で自由に「商品」を変更することが可能です。満期が設定されている定期預金を、満期前に解約することもできます。

ただし、途中で解約することになれば、一般的な定期預金と同じく、当初の利率が引き下げられることになります。

この場合のポイントは、**中途解約利率**（満期前利率）です。預け入れをした期間に応じて利率が割り引かれ、期間が短いほど割り引き率は大きくなります。ただし、元本まで割り引かれることはないので、元本割れするようなことはありません。

もっとも、現在は超低金利の状況が続いているため、満期まで解約しなかったとしても、その利息は微々たるものというのが現実です。場合によっては、利率の低下を気にせず、その時々の状況に応じて商品を変更した方が良いケースもあるかもしれません。

途中で積み立てをやめられる？

確定拠出年金の制度は長く利用し続けることが前提となってはいますが、途中で「国民年金の保険料や確定拠出年金の掛金の支払いをやめたい」となることもあるかもしれません。

そのような場合は、新たな積み立てをストップして、それまで貯めた分の管理・運用だけを続けることもできます。

そうなると、確定拠出年金の「加入者」ではなく、**「運用指図者」**と呼ばれるようになります。それまでに貯めたお金がなくなることはありませんのでご安心ください。

■途中で完全脱退できる？

確定拠出年金の積み立てをやめた上で、貯めたお金を今すぐに受け取りたい、60歳まで待てないという方もいることでしょう。

そのような場合は、次の条件のどちらかに当てはまればお金を引き出すことができます。

①障害者の方
②「生活保護受給中の法定免除者、申請免除者、学生納付特例適用者または納付猶予適用者」及び「企業型確定拠出年金の加入者でなくなった方で個人別管理資産額1万5000円以下の方」で支給要件を満たした方

①のケースは後述します（178ページ）。

②のケースのポイントは、まず「企業型」の部分です。つまり、個人型で自らお金を積み立てた人は対象外ということです。しかも、「確定拠出年金に残っている資産が1万5000円以下」という条件も付いていますから、よほど資産の少ない方でもない限り、脱退の対象とならないのです。

ただし、平成28年12月31日までに確定拠出年金の加入者でなくなった方はやや条件が緩くなるので、どうしても脱退したい場合は、それまでに加入していた運営管理機関もしくは国基連に問い合わせてみましょう。

3章

確定拠出年金だけの特別な保険

確定拠出年金で入れる保険は普通の「保険」ではない

日本人の約8割は生命保険に加入していると言われています。いかに日本人が「保険好き」であるかが分かる数字です。

一般的には、保険を「買う」という言い方より「加入する」という言い方をするほうが多いのではないでしょうか。保険はもともと助け合いのしくみでもあるので、大勢の仲間の中に入るようなイメージがあるせいかもしれません。

しかし、保険は立派な**「金融商品」**です。

契約者が保険料を支払い、被保険者に何かが起これば保険会社が契約者に保険金を渡すという約束の「商品」なのです。そのため、プロの世界では「保険を買う」という言い方の方が多く使われています。

【一般的な保険】と【確定拠出年金の保険】の比較

一般的な個人年金保険		確定拠出年金の保険
契約時に固定	(予定)利率	積立ごとに固定
一部	所得控除	全額
豊富	種類	少ない
付加できる	死亡保障・医療保障	付加できない
かからない	引出し時の手数料	かかる
大きく減ることもある	中途解約した場合	やや減ることもある

この保険という商品は、確定拠出年金でも買うことができます。

預金と同じように元本が確保されているので、保険会社が破たんしたり、途中で解約したりしない限り、元本割れすることもありません。

さらに、確定拠出年金では、**一般に流通していない、特別な保険**を買うことができます。

保険の販売員には扱えない、確定拠出年金だけの保険もあるのです。

保険好きな私たちにとって

は、本当にありがたいですね。

ただ、特別な保険である以上、一般的なイメージのまま、確定拠出年金の中での保険を理解しようとすると、頭の中が混乱してしまうかもしれません。

保険といえば、一般的には「死んだらお金がもらえる」というように、保障が付いているイメージがあるでしょう。たしかに、払った保険料の何倍、何十倍もの保険金を受け取れる商品もあります。

しかし、確定拠出年金の保険は、**死亡しても長生きをしても、それによって大きくお金が増えるということはありません**。また、**特約というしくみもない**ので、病気で入院してもお金はもらえません。

では、確定拠出年金における保険とはどのようなものなのか？　確定拠出年金で保険に入ることの意義はどこにあるのか？

本章では、その点について説明していきます。

保険料の支払いは一時払いのみ

一般的な保険では、保険料を1年ごと、1ヵ月ごとなど、複数回に分割して支払うようになっています。

イメージとしては、ひとつの保険に保険料を支払い続けるような形です。そのため、保険料の支払いを途中で止めると、数か月後には失効扱いとなり、最後には解約扱いになります。失効期間が続けば、それまで払ったお金は大きく減るか、場合によっては1円も戻ってこないこともあります。

一方、確定拠出年金で選べる保険は、**一時払いのものだけ**です。

確定拠出年金の保険は、一時払いの小さな保険をいくつも買うようなイメージです。そのため、「支払いを途中で止める」という状況にはなりえません。

商品ごとに5年満期や10年満期というように保険期間は定められていますが、それは、「決められた間、ずっと保険料を払い続けなさい」という意味ではなく、**「決**

◆保険料の支払いは一時払いのみ◆

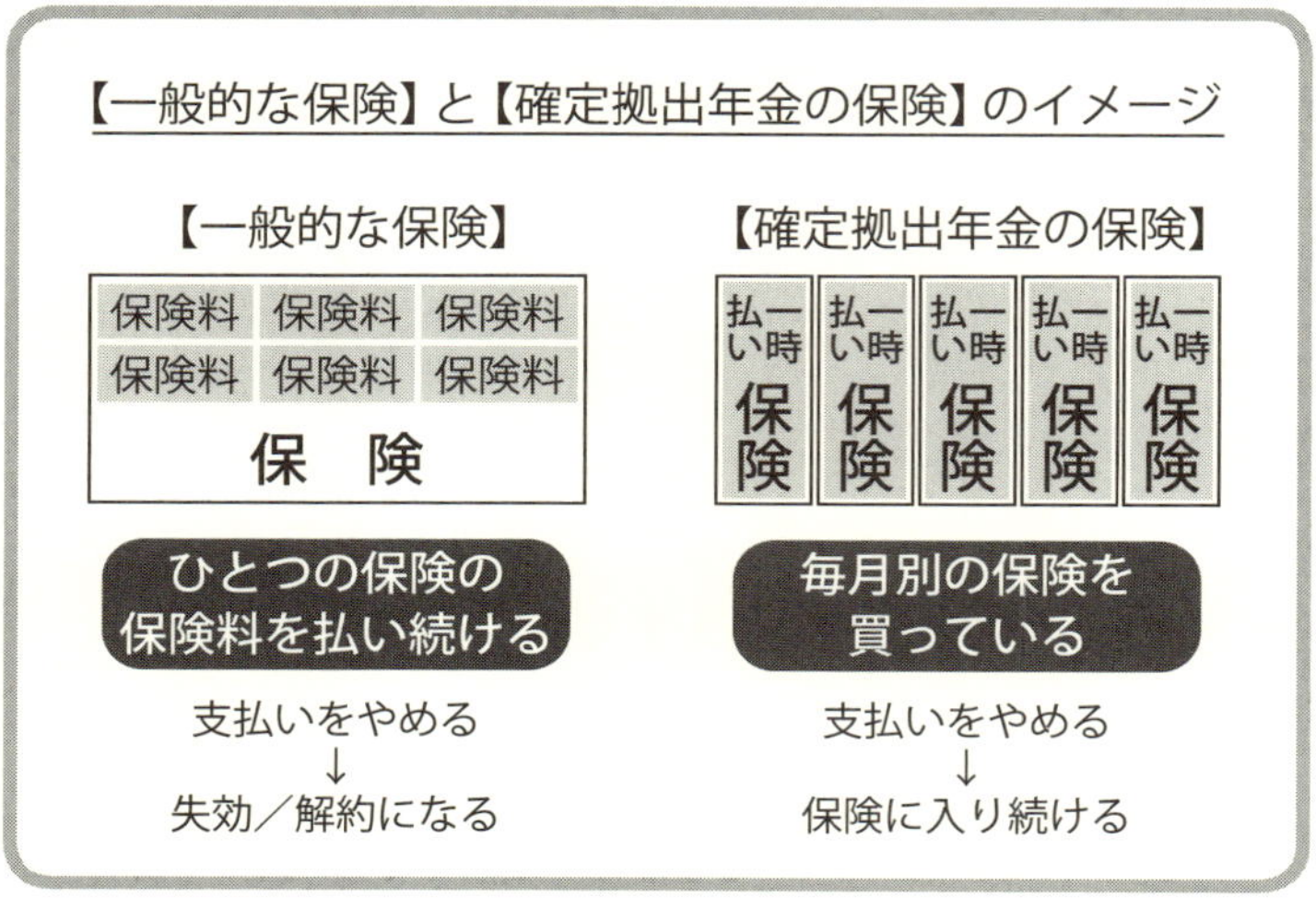

められた間、この保険に入っていられる」という意味なのです。

ただし、すでに持っている保険を満期になる前に「解約」すれば、それはもちろん**中途解約**という扱いになります。

たとえば、5年満期の保険を買って3年後に解約し、そのお金を預金に替えるというようなケースです。

この時にはペナルティが課され、元本割れに陥ってしまうこともありえます。

■確定拠出年金の保険と預金の違い

確定拠出年金で入れる保険の種類は、基本的に**生命保険**と**損害保険**の2種類だけです。一般的な保険が、養老保険や個人年金保険といった形で、バラエティに富んでいるのとは異なります。

また、確定拠出年金の保険には、前述の通り保障がないため、告知や医師による診査は必要ありません。確定拠出年金に加入してさえいれば、誰もが保険を買えるようになっています。

ここまで比べてみて、**「それって保険なの？」**と疑問に感じた人もいるでしょう。保障がないということは、万が一の時に役に立たないということなので、それも当然です。

実際のところ、確定拠出年金の保険は、「保険」という名前こそついていますが、

一般的な保険とはまったく異なる金融商品なのです。

保険会社でお金を積み立て、そこに保険会社が利息を上乗せしたものを将来受け取るという、どちらかと言えば、「保険」というより「預金」と呼んだ方が近いかもしれないものなのです。

それではなぜ預金とは別の商品として分けられているのかといえば、次のような違いがあるためです。

●保険の金利は一種類だけ

預金には、固定金利と変動金利の商品がありました（63ページ参照）。

一方、保険は**固定金利**の商品に限られます。

ただし、保険会社の運用が当初の予定を上回ると配当金がつくものもあります。

この場合は、見方を変えると「固定金利の部分が保証された変動金利の商品」と捉えることができるかもしれません。

●中途解約の取り扱い

これは確定拠出年金に限らない一般的な話になりますが、預金と保険の大きな違いは、中途解約の取り扱いです。

定期預金を満期前に解約すると、利率は下がりますが、元本が削られることはありません。

一方、保険の場合は「解約控除」が適用され、場合によっては元本が削られてしまうこともあります。保険は、基本的に満期まで持ち続けることが前提の商品なので、満期前に解約した場合〝契約違反〟となり、ペナルティが発生してしまうのです。

ただし、確定拠出年金で貯めたお金を、60歳以降に老齢給付金として受け取る場合は、基本的に解約控除は適用されません。

つまり、保険を解約してその資金を他の商品に替えるような時にはペナルティがありますが、**現金として受け取るのであれば中途解約でもペナルティはない**ということです。この点は、確定拠出年金ならではのメリットです。

ちなみに、預金商品を扱ってない運営管理機関は、代わりに保険を元本確保用の商品として取り扱っています。

■保険と預金をどう使い分けるか

このように、預金と保険には違いがあるため、使い方も異なってきます。

預金は元本割れの心配がないので、「とりあえず元本が確保されている状態で置いておきたい」という時には都合が良い商品です。

この方法は、「確定拠出年金で投資もする」というような場合に活用できます。

投資の世界では、状況を見ながら売買のタイミングを探ります。「今、これが欲しい！」と思った時にすぐ投資できるように、かつ安全にとっておくための置き場所として、預金は使いやすいのです。

もし同様のことを保険で行うと、元本割れするおそれが出てきてしまいます。

確定拠出年金での預金と保険の特徴

預金		保険
固定＋変動	金利の種類	固定のみ
動かしやすい	流動性	動かしづらい
やや低め	利率	やや高め

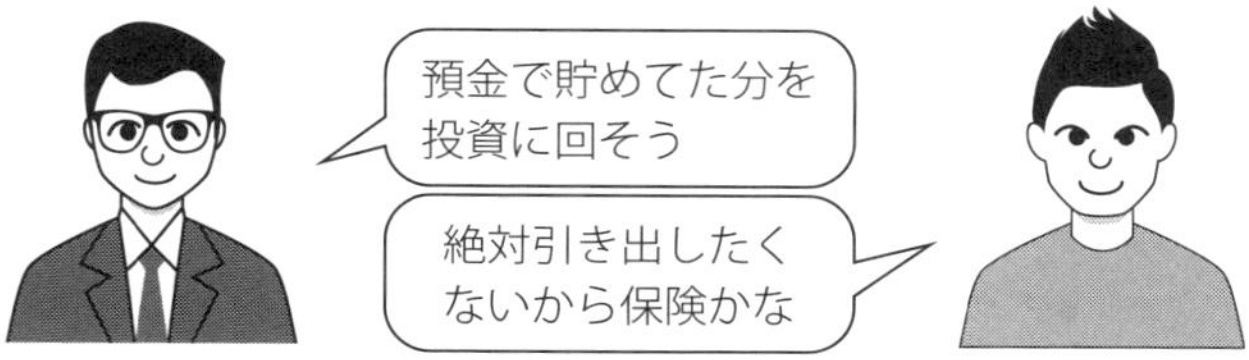
預金で貯めてた分を
投資に回そう
絶対引き出したく
ないから保険かな

保険の活用法として考えられるのは、**「老後がやってくるまで、ずっとそのまま持ち続ける資産」**として置いておくことです。

たとえば、確定拠出年金全体で500万円の資産があり、そのうちの一部は着実に60歳以降までとっておこうというような場合は、下手に中途解約すると元本割れしてしまうので、解約には慎重にならざるをえません。必然的に預金よりも拘束力は高くなります。

その一方で、保険は預金に比べ

て利率が高めに設定される傾向があるので、結果的に〝保険で資産を守りつつ、より多くの利息を狙う〟という効果が得られます。

もっとも、平成28年に導入されたマイナス金利の影響により、元本確保型の商品の利率は大幅に低下しています。特に保険はその傾向が強くなっています。

そのため、確定拠出年金の預金と保険を比べると、保険の方が利率が低くなっているケースも散見されるようになりました。

必ずしも保険の方が利率が高いというわけではないので、注意してください。

■選べる2つの保険の差

77ページで、「確定拠出年金の保険は基本的に**生命保険**と**損害保険**の2種類だけ」と書きましたが、ここで、この2つの保険はどう違うのかを見ておきましょう。

確定拠出年金での【生命保険】と【損害保険】の違い

損害保険		生命保険
あり	傷害による死亡補償	なし
一時金のみ	老齢給付金の受け取り方	分割可能

ひとつめの違いは、「損害保険」にだけある**傷害による死亡補償**です。

これは、不慮の事故による死亡の場合、保険金が10％上乗せされるというものです。そのため、万が一に備えて損害保険の方を選ぶという方法も考えられます。

ただ、実際に事故に遭ったとして、この10％が重要になるでしょうか。

この補償は死亡に限られたもので、ケガをしただけの時や病気による死亡では上乗せされません。また、万が一事故で死亡した場合は、遺族が多額の賠償金を受け取れる可能性があります。

逆に自分が大事故を引き起こすことも考えら

れますが、その場合は多額の賠償金を支払うことになるでしょうから、10％の上乗せもスズメの涙程度にしかなりません。

ちなみに、20歳～60歳の方が不慮の事故により死亡する確率は、１年間で０・０５％以下となっています。

このような現実をふまえると、確定拠出年金で損害保険に入るメリットは決して高いとはいえません。損害保険の10％補償に関してはオマケ程度に考えた方が良いでしょう。

もうひとつの違いは、**老齢給付金の受け取り方**です。

「損害保険」は基本的に、保険金を一時金としてしか受け取れません。

一方で、生命保険はあらかじめ設定しておけば、５～20年に分けてその資産を取り崩してくれます。

このように、資産を何年かに分けて受け取る方法を**「年金形式」**といいます。商品によっては、終身年金として受け取ることも可能となっています。

「確定拠出年金は公的年金の不足を補うもの」という主旨を考えると、一生涯受け取り続けることができる終身年金は、まさに理想と言えるかもしれません。

■確定拠出年金での保険選びのポイント

確定拠出年金では、運営管理機関が指定する保険の中から選ぶことしかできません。

機関によっては、保険が1種類しかないというケースや、保険を扱っていないというケースもあります。もし「生命保険タイプの保険を買いたい」と思っても、自分が口座を持っている機関が損害保険しか扱っていなければ、生命保険を買うことはできません。保険を検討しているのであれば、口座を作る前に運営管理機関が準備する保険のラインナップを調べておきましょう。

もちろん、なかには複数の保険の中から選ぶことができる機関もあります。その場合は、選択の基準として**「将来の金利動向」**を見ると良いでしょう。

今後、金利が下がると思うのであれば、満期までの期間が長い保険にします。逆に、金利が上がると思うのであれば、短期間のものを選んで、利率が早く切り替わるようにすると良いでしょう。

ちなみに、満期が10年となっている保険は、55歳以上では購入できないケースが多くなっています。この場合は、10年満期の保険を選択していても、自動的に5年満期の保険を購入するように設定されているので注意が必要です。

■保険会社が破たんしたらどうなる？

確定拠出年金で扱われる元本確保型の保険も、その元本が大きく減る時がありま す。

それは、保険会社が破たんした時です。商品を提供している会社が破たんすれば、その商品の価値が下がるのは仕方のないことです。

ただし保険では、**保険契約者保護機構による補償**を受けることができます。その割合は**責任準備金等の約90％**となっています。責任準備金というのは、保険金支払いのために保険会社が積み立てておくべき資産のことで、実質的には保険の契約者の現在資産額になります。

つまり、保険の契約者の視点から見れば、保険会社が破たんすると、自分が払ったお金が約10％減るということになります。

確定拠出年金での保険の利率は1％未満なので、10％もの削減は大きな痛手です。保険会社の安全性も確かめつつ、万が一危険そうな雰囲気を感じたら、早々に解約した方が良いかもしれません。

具体的には、「運用商品の預替え」や「スイッチング」と呼ばれる手続きを行うことになりますが、詳しくは5章で説明します。

4章

もし投資をしたくなったら

■50円から始められるもうひとつの選択肢

ここまで、預金や保険など、確定拠出年金での低リスクの運用法を見てきました。安全性という点で、メリットが大きいことがお分かりいただけたと思います。

ただ、確定拠出年金とは、長い付き合いになることが予想されます。その間には、もしかしたら「少しだけ冒険してみたい」という気持ちになることもあるかもしれません。あるいは社会状況が変わって、投資ブームが訪れる可能性もゼロではありません。

そのような時のために、ここで少し、預金や保険以外の選択肢、つまり投資についても触れてみましょう。

知っておいて損はないはずです。

というのも、確定拠出年金では、**わずか50円から投資を始められる**ようになっているからです。

そのからくりは次の通りです。

確定拠出年金では、1％刻みで商品を選択できます。たとえば、毎月の掛金が5000円だとしましょう。このとき、ある投資信託を1％分だけ購入すると、その金額は50円となります。つまり、50円で投資ができるということです。

昨今では、新しい制度などにより小額から投資できるようになっていますが、それでも1000円以上の購入が必要となります。

つまり、確定拠出年金はもっとも小さな金額で投資にチャレンジできる、まさに初心者にピッタリな方法とも言えるのです。

■臆病な私たちにもできる投資

確定拠出年金では、比較的低リスクで投資をすることができます。

とはいえ、「よし、すぐにやってみよう」と思える方は少ないのではないでしょうか。

なぜなら、未経験者にとって、**投資は「怖いもの」**だからです。

投資経験者は日本人全体のうち、2割程度と言われています。なにごとも、経験のないものはなんとなく怖く感じる上に、実際に損をする可能性もあるのですから、当然です。

投資をすると、資産の額が変動します。この変動のことを**「リスク」**といいますが、これは、お金が増えるかもしれないという魅力がある一方で、減ってしまう危険性もあるという、諸刃の剣であることを意味します。

投資をする以上、このリスクを完全にゼロにすることはできません。しかし、リスクを限りなく小さくすることは可能です。少し工夫することによって、ある程度の利益（リターン）を狙いながら、**リスクを小さくすることはできる**のです。

それならば、初心者でも投資ができるはずです。

その「少しの工夫」のひとつが、**「分散投資」**です。

たとえば、1社の株式だけしか持っていない状態で、万が一その会社が倒産してしまった場合、一文無しになってしまいます。それではリスクがあまりに大きすぎ

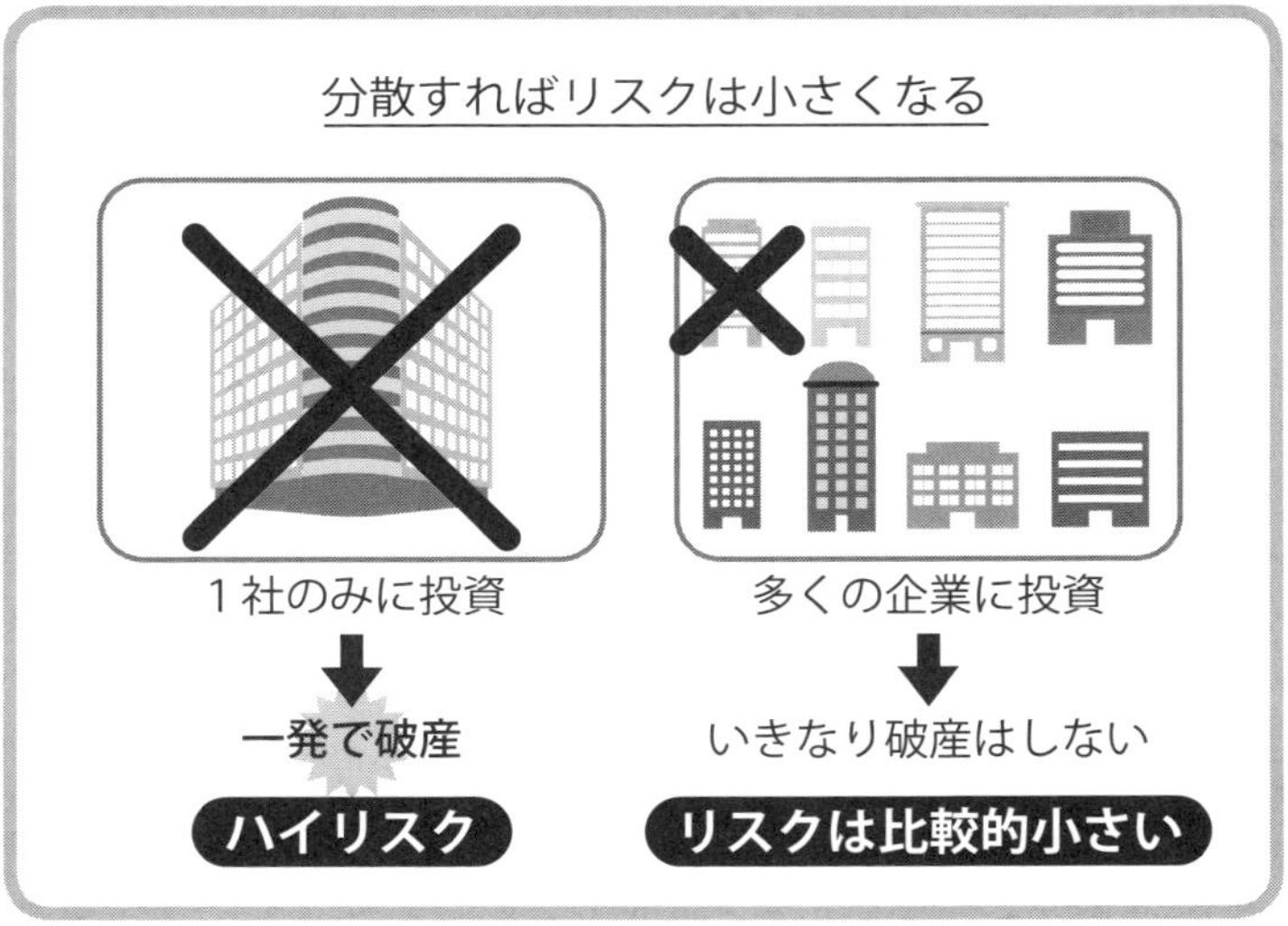

ます。

1点に集中して一発勝負をすれば、予想が当たった時の利益は大きくなるかもしれませんが、予想が外れた時の損失も大きくなります。「一点に賭ける」というのは、投資ではなく、もはやギャンブルです。

でも、これが10社や20社の株式であれば、リスクはかなり小さくなります。

確定拠出年金は、そもそもの目的が「老後のお金を貯める」ことにあります。そのため、基本的に1社の株式だけを買うといった**ハイリスク**

【貯める】【投資する】【ギャンブル】３つの比較

	貯める	投資する	ギャンブル
元本	金融機関による保証あり	保証なし	保証なし
リスクとリターン	小	小〜大	大
購入後の資産	残る	残る	消費
定期的な収入	利息	利息・配当金・家賃など	なし

な投資ができないようになっています。私たちがギャンブルのような運用ができないように、制度上工夫されているのです。

■投資信託という商品

確定拠出年金で投資をする時は、**「投資信託」**という商品を買うことになります。

これは、「みんなでお金を出し合って、複数の株式・債券・不動産などを買おう」というしくみのもので、いわゆるパッ

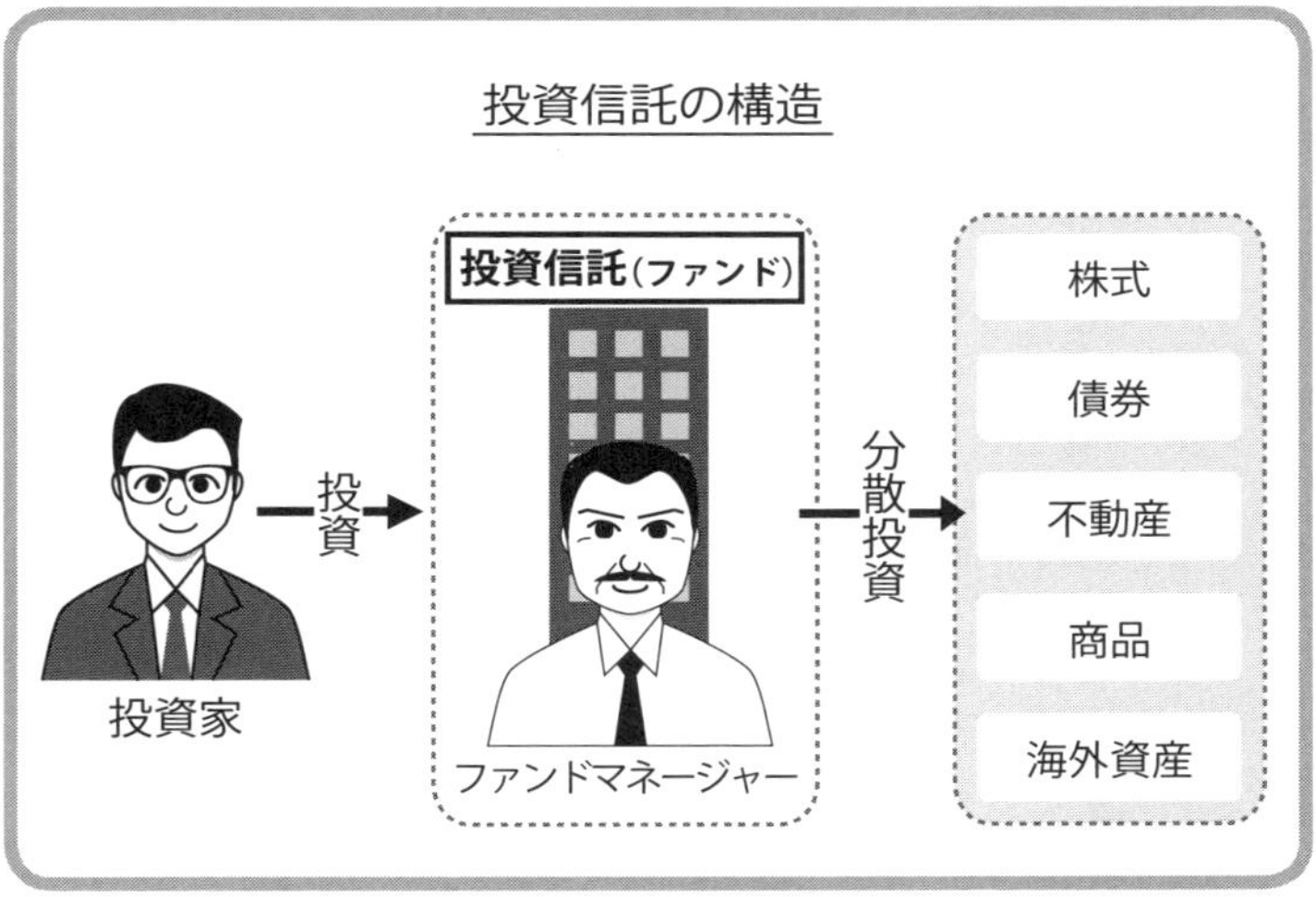

ク商品のようなものです。「ファンド」と呼ばれることもあります。

たとえば、洋服を買う時に、帽子から上着、靴に至るまで自分でコーディネートするのは大変です。ひとつひとつは高級品だったとしても、方向性がバラバラでは「ダサい」と言われかねません。

しかし、店のマネキンが着ている服をまるごと買えば、本人のセンスは別に必要ありません。マネキンのコーディネートはファッションの専門家によるものなので、安いもの同士でもカッコよかったりします。

投資信託でも同じです。自分でコーディネートせず、プロに仕上げてもらった投資信託を選ぶ方がお手軽なのです。

投資信託では、具体的な投資先選びは運用会社にお任せすることになります。「信じて「託」すので、投資信託という名前がついています。

何を、どの程度託すのかについては、自分自身で選ぶことができます。国内の株式に託すのか、それとも外国の債券に託すのか、はたまた不動産に託すのか……選択肢は多々ありますが、投資する資産さえ決めれば、あとはおまかせです。ひとつひとつの企業の業績を調べたり、細かい金融のしくみを理解するような必要はありません。

もちろん、投資をするからには、必ず儲かるという保証はありません。「ファンドマネージャー」という専門家が方針を立てて運用を行っていますが、それでも元本割れすることもありえます。

投資信託は日々価格が変動するので、1日ごとに最新の価格が発表されます。こ

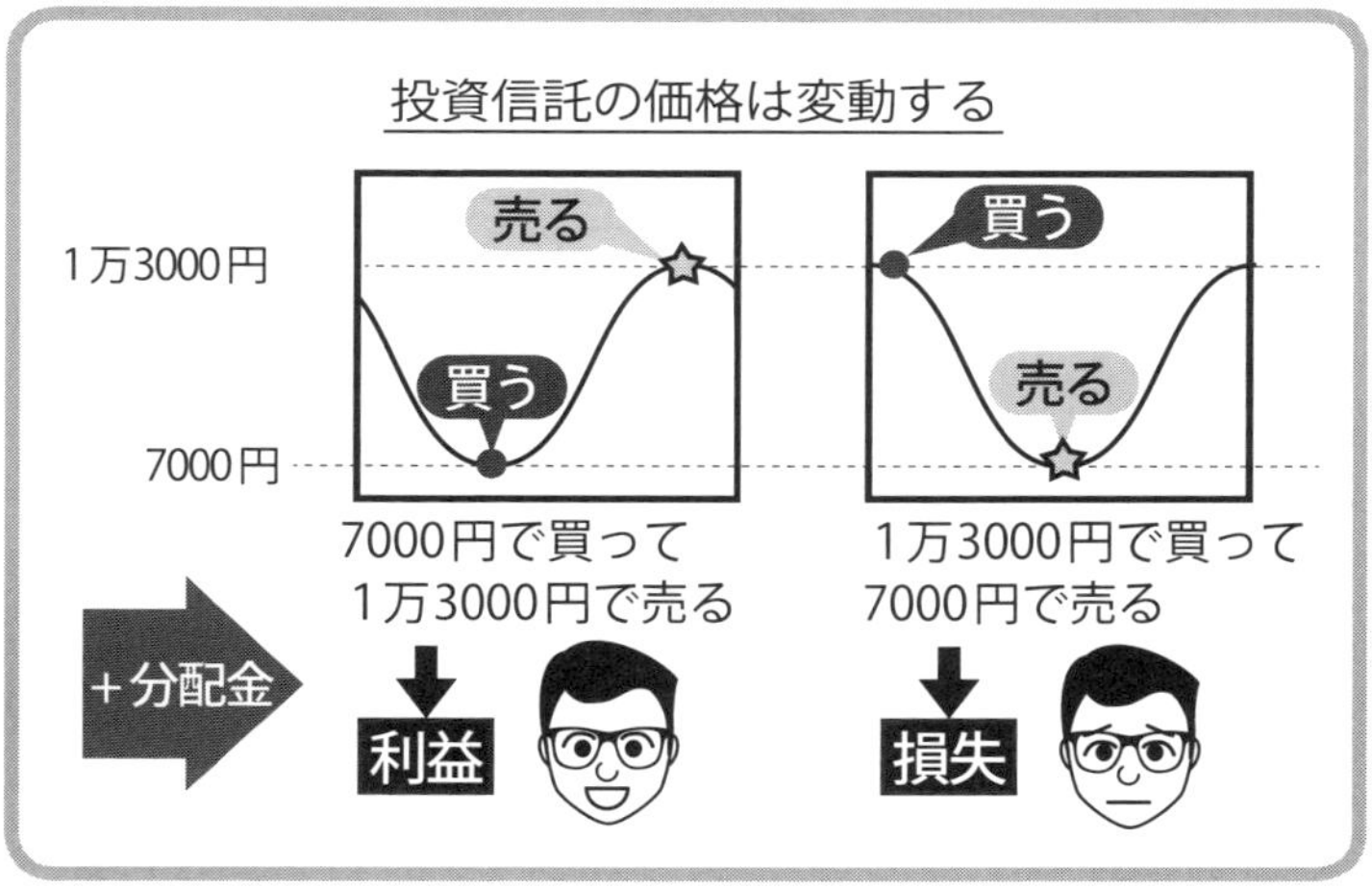

これを**「基準価額」**と呼んでいます。株式でいう株価のようなものです。

買った時の基準価額が1万円で、解約する時に1万3000円になっていれば30％の利益、7000円で解約したら30％の損失となります。

またそれとは別に、**「分配金」**による利益がある場合もあります。基準価額が下がっていると、一見損をしているようにも見えますが、分配金まで考慮すると儲かっているということもあります。

ちなみに、確定拠出年金では、投資信託から分配金が配られると、そのお金でまた同じ投資信託に再投資されるので、所有口数が増えることになります。

投資信託とはだいたいこのような商品となっています。

確定拠出年金ならではのメリット

投資信託は、確定拠出年金にこだわらなくても、銀行や証券会社でも売っています。大手の証券会社などは数え切れないほどの投資信託を取り揃えているので、比較的気軽に買うことができます。

そのため、次のような疑問がわく人もいることでしょう。

「投資信託を買うだけなら、確定拠出年金でなくてもいいんじゃない？」

その通りです。投資信託を買いたいだけなら、別に近所の銀行でもかまいません。

ただ、確定拠出年金の投資信託は、**普通に投資信託を買うよりもかなりおトクになっている**ことは見逃さないでください。

国が定めた確定拠出年金という制度には、投資をする際にもいくつものメリットを受けることができるようになっています。

メリット①販売手数料がかからない

まず大きいのは、販売手数料がかからないことです。

通常、投資信託を購入する際には、金融機関に対して販売手数料を支払う必要があります。金額は金融機関や投資信託商品ごとに異なりますが、おおむね購入金額の1～3％程度です。

たとえば、10万円の投資を行う場合、販売手数料が2％だとすると、2000円が手数料、残りの9万8000円が投資信託の購入にあてられます。

しかしこれでは、元本割れした状態からのスタートになってしまいます。

一方、確定拠出年金では手数料がかかりません。そのおかげで、10万円をまるまる投資信託の購入にあてることができます。**元本割れからスタートしなくてもいいのです。**

メリット②信託報酬が安い

投資信託を所有している期間には「信託報酬」がかかり続けます。これは金融機関に対する手間賃のようなもので、**運用中はずっと差し引かれます**。信託報酬率が高いとその分だけリターンが小さくなってしまうため、低い方が有利になるのは自明の理です。

この部分も、確定拠出年金ではかなり優遇されています。

一例として、大和投信の「ＤＣダイワ外国債券インデックス」を取り上げてみましょう。ちなみに、名前の頭にある「ＤＣ」は、それが確定拠出年金専用であることを示しています。

この商品の信託報酬率は、０・２４８４％です。

確定拠出年金にこだわらなければ、同様の運用を行う投資信託を購入することもできます。「ダイワ・ノーロード　外国債券ファンド」です。投資対象および運用方法は、前述のものとほぼ同じです。しかも、販売手数料は不要です。

しかし、信託報酬率は０・５９４％となっています。

いくら販売手数料が不要でも、ずっとかかり続ける信託報酬が2倍以上となると、やはり大きく響いてきます。運用によるリターンが同じであれば、当然ながらコストが低い方が有利になるでしょう。

メリット③運用益が非課税

さらなるメリットが、運用益が非課税であることです。

通常、投資信託の利益には約20％の税金がかかります（ＮＩＳＡを除く）。場合によっては、確定申告も必要になります。

しかし、前述の通り、確定拠出年金では運用益に課税されません。

たとえば、毎月１万円のお金を積み立てながら、年間５％の利回りで40年間運用したとしましょう。そうすると、運用益のおかげで積み立てた４８０万円が１１００万円以上になります。

ところが、確定拠出年金であれば、もっと多額の１４００万円以上の資産が残ることになります。その差、じつに３００万円以上です。運用益に税金がかからないというだけで、これだけの差が出るのです。

もちろん、積み立て額が大きくなればその差はもっと大きくなるし、利回りが大きくなった場合も同様です。
つまり、考えれば考えるほど、投資信託を買うのなら確定拠出年金の方が有利だと分かるのです。

■確定拠出年金で投資信託を選ぶ時のポイント

どうやら、確定拠出年金で投資信託を選ぶメリットはかなり多いようです。こうなると、具体的にどんな商品があるのか、気になってくるところではないでしょうか。それでは、さっそく見てみましょう……と言いたいところですが、投資信託はとにかく多種多様で、理解するのは簡単ではありません。ここからは少し複雑な話になります。

どのような商品が良いのかすぐに知りたいという方は、110ページまで飛んでください。投資信託という商品について知りたい方は、このまま進んでください。

●仕分けしてみよう

前述のように、投資信託は多種多様です。数でいうと、約1万種類あります（2016年10月現在）。

こうなると選ぶのも一苦労ですが、よく見ると、似た商品がいくつもあることに気づきます。名称が異なっても、長期的に見ると値動きのしかたはほとんど一緒という商品もあります。種類が多くても、ある程度仕分けることができれば、投資信託選びも楽になるはずです。

仕分けの基準は以下の通りです。

①投資対象
②運用方針
③コスト

仕分け①投資対象

投資信託を使えば、多くのものに投資することができます。国内株式、国内債券、海外株式、海外債券、商品、不動産、はては「投資信託に投資する投資信託」まであります。投資信託では、**自分一人ではとてもできない投資も可能になる**のです。

たとえば、トヨタなどの国内企業であれば、専用口座さえあればスマホひとつで株式を買えます。しかしアップルのような海外の企業の株式になると、一筋縄ではいきません。

購入自体は国内の証券会社で可能ですが、実際の購入までには高いハードルがあります。まして対象が原油のようにリスクの高いものとなると、個人で投資するなど、とても現実的ではありません。

しかし投資信託ではそれも可能になるのです。

なお、投資信託で「海外」もしくは「外国」と書いてある時は、アメリカ、イギリス、

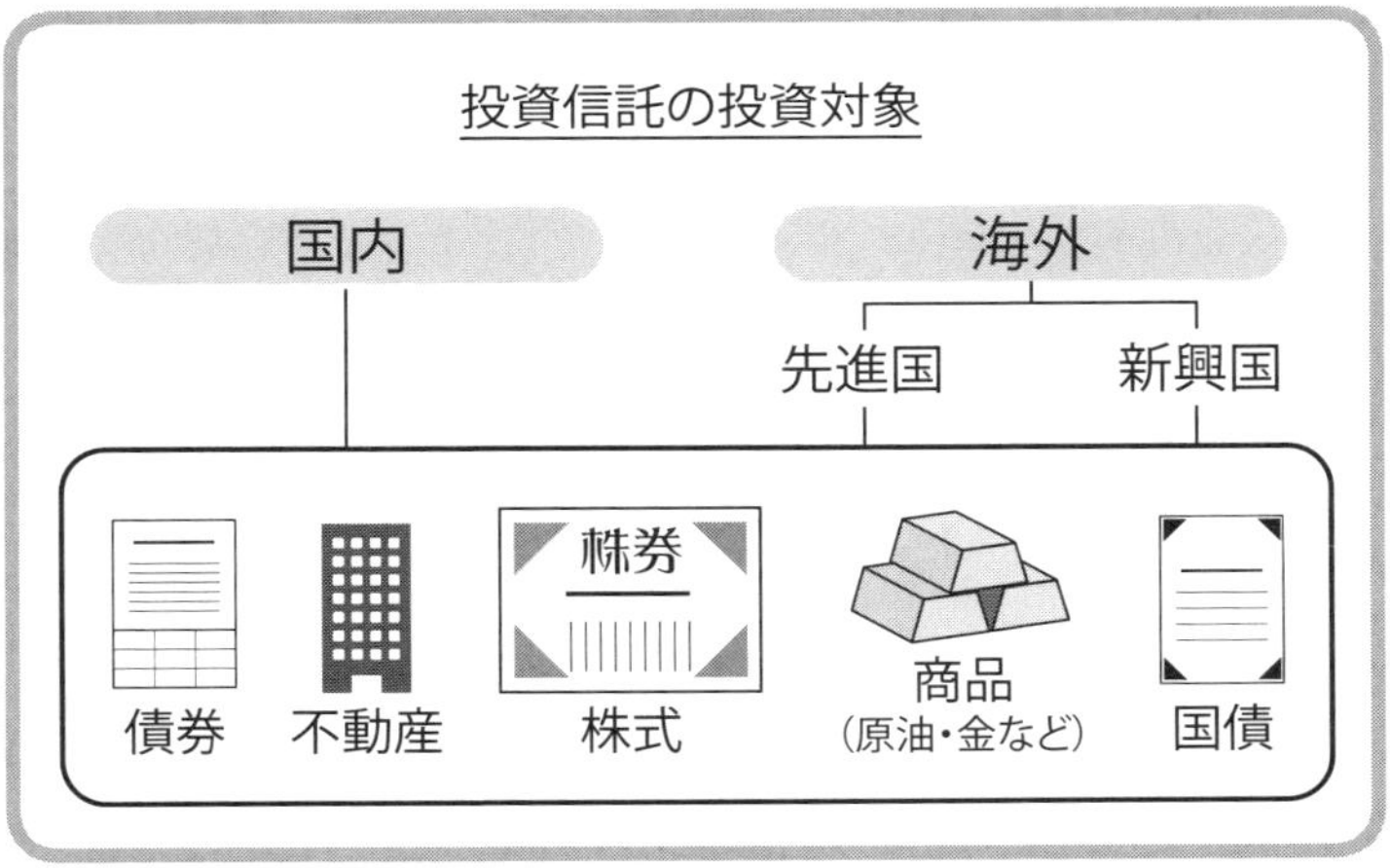

フランス、ドイツなどの先進国のみを指すことが多いようです。

もちろん、新興国（ブラジル、ロシア、インド、中国等）を含むケースもありますが、その場合はその旨が書かれています。

また、不動産への投資に関しては、「ＲＥＩＴ《リート》（上場不動産投資信託）」という商品を使うことになるので、「不動産」という表記よりも「ＲＥＩＴ」と明示されることが多くなっています。

仕分け②運用方針

一口に投資信託といっても、運用に対する姿勢はさまざまです。積極的にリスクをとってリターンを追求するもの、逆に日経平均株価のようなベンチマーク（指標）に連動するものなど……それらの、投資に対する姿勢が「運用方針」「運用手法」と呼ばれるものです。

これが**「アクティブ運用」**となっているものはベンチマークより高いリターンを追求するタイプのものです。

対して**「パッシブ運用」**となっているものは、ベンチマークに連動した成果を出すことが目標で、特別なリターンはないけれど特別な損失もないものです。「インデックス運用」ともいいます。

また、**「バランス型」**の投資信託もあります。

バランス型は、基本的に株式・債券・不動産を組み入れて運用しています。また、国内のものも海外のものも組み入れることがあります。さらには、デリバティブ（金融派生商品）という難解な商品も含まれることがあります。

これらの多種多様な投資対象を組み込むことである程度のリターンを維持しながら、より安定的な運用を目指すのです。

そしてこれらの組み合わせによって、その商品のリスクとリターンに対する姿勢が分かります。

そのため、商品選びにはちょっとしたコツが必要になります。バランス型を選ぶ際には、その商品の**「運用資産全体に占める株式の割合」**に注目してください。株式の割合が高ければリスクも高くなるので、利益を増やしたいのであれば株式が多いものが、逆に低リスクにしたいなら株式の割合が低いものが向いています。

また、株式の割合が同じでも、新興国が含まれる場合は、よりリスクが高まります。

仕分け③コスト

投資信託にはいくつかのコストがありますが、一番注意すべきなのは**「信託報酬」**です。

もちろん、コスト以上に儲けてくれる投資信託があればいいのですが、そのようなことを予測するのは難しいでしょう。だから、できるだけハードルを低くするために、まずは信託報酬率の低いものをチェックしてみましょう。

目安は1%です。1%を超えていたら、「この投資信託はコストが高めだな」と考えてもいいでしょう。

なお、商品によっては、どうしてもコストが高くなってしまうものもあります。さきほど出てきたアクティブ運用は、運用にかかわる専門家の人件費がかかるため、コストが高くなる傾向があります。逆に、パッシブ運用はコストが比較的低めです。似たような投資信託が複数ある場合、まだ投資に慣れていない段階では信託報酬率が低いものを選ぶのが妥当です。慣れてくれば、信託報酬率が高くてもより高いリターンを狙える投資信託を選んでも良いでしょう。

また、投資信託によっては、解約時（または購入時）に**「信託財産留保額」**というコストが発生することもあります。

投資信託では、みんなでお金を出し合って資産を購入しています。そのため、途中で解約する人が出ると、その人へお金を渡すために、持っていた株式を売ったりしなければなりません。それにかかるコストを解約する本人に払ってもらおうという主旨のものです。

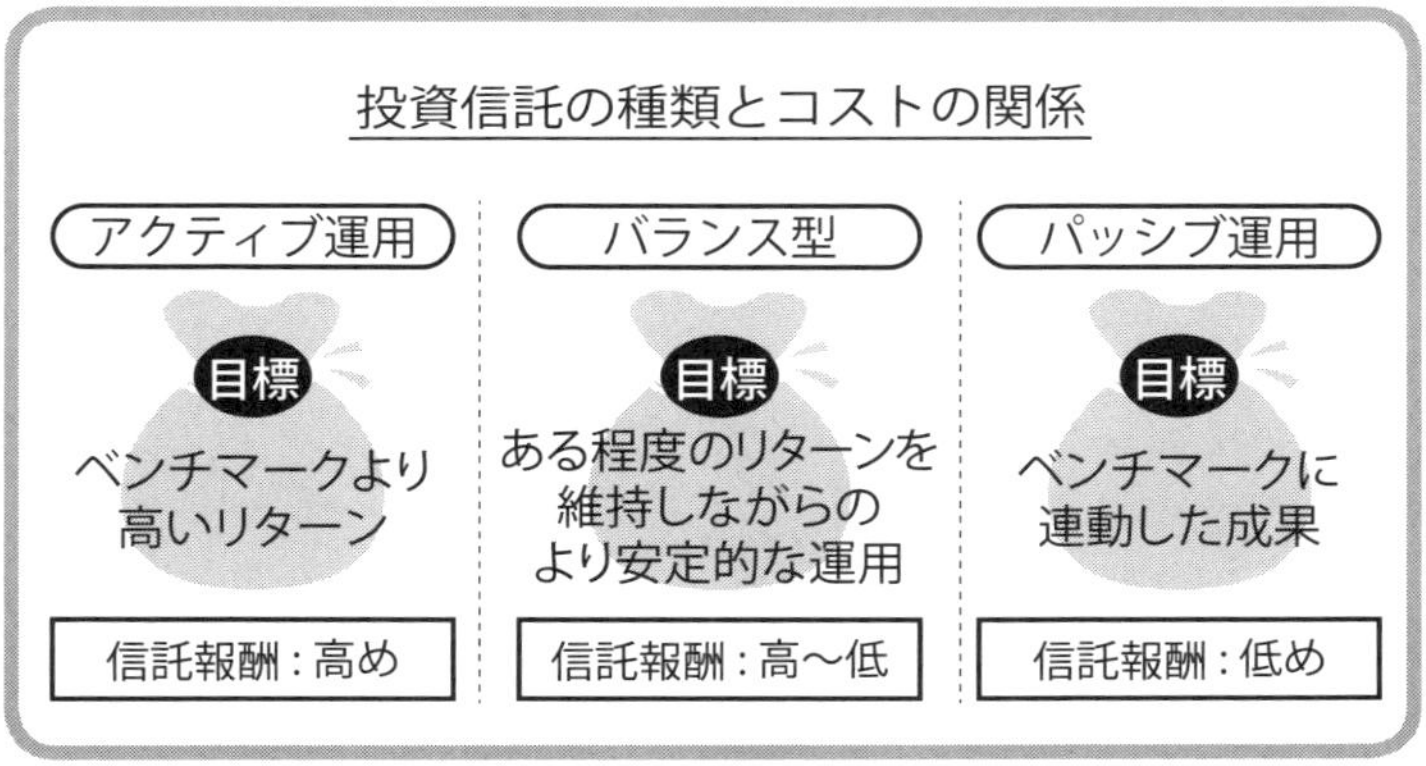

最近は、この信託財産留保額がかからないものも増えています。

では、「信託財産留保額のかかるもの」と「かからないもの」では、どちらが良いのでしょうか。「コストは低い方がいい」という原則に従えば後者でいいのですが、長期投資を行う人にとっては、前者の方が良いと考えられます。

なぜなら、後者では、解約する誰かのコストを残された人が支払うことになります。ある意味、他人の尻拭いをさせられるという理不尽なしくみになっているのです。その点前者の場合は、「解約する人が、投資を続ける人にコスト分のお金を置いていく」ということで平等性が担保されます。

単純な額面だけではなく、このような面まで考慮して商品選びができるようになると、初心者からは卒業です。

もっとも信託財産留保額は、年に何度も投資信託を売買するという人でもなければ、影響はごく僅かです。そのためあまり気にしすぎず、信託報酬率の方に注目した方が良いでしょう。

結局、どんな投資信託がいいのか？

ここまで、投資信託の選択のための基準を見てきましたが、結局のところ、どのようなものがいいのでしょうか？

結論としては、確定拠出年金で最初の1本を選ぶなら、**バランス型の投資信託が**良いでしょう。

老後のために、積極的すぎず、かつ守りに入りすぎないバランス型を選べば、1

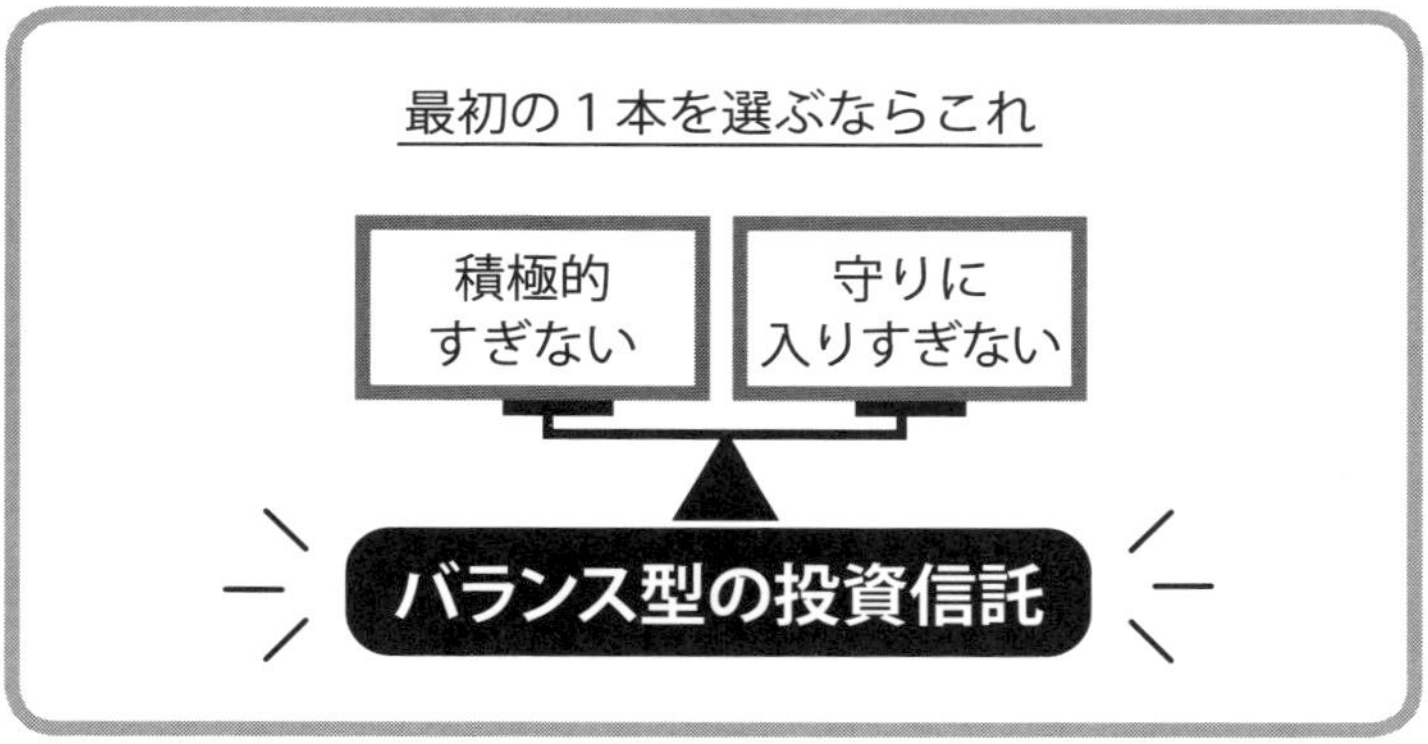

本の投資信託だけで分散投資を完結させることができます。

とはいえ、「これだ！」と思えるような、自分の考えにピッタリの１本があるとは限りません。マネキンのコーディネートを見て、「マフラーだけ、趣味が合わないんだよな」というようなイメージです。

そんな時には、自分で何本かの投資信託を組み合わせて、お手製の分散投資をしてみるといいでしょう。

分散投資でリスクをコントロールすることは、**投資の基本**です。選び方を間違えると、分散投資とは真逆の「集中投資」になりかねません。

そうならないためには、次に見る、投資対象ごとの特色を把握することが必要になってきます。

■商品の見極め方

自分で何本かの投資信託を買ってバランスをはかるとなると、当然ながら、バランス型投資信託を１本だけ選ぶよりも難易度が高くなります。

まずは、投資対象ごとの特徴をざっと確認してみましょう。投資対象によって、値動きのしかたは大きく違ってきます。

・株式に投資する投資信託

株式に投資する投資信託は、景気の動向に敏感に反応します。

一般的に、景気が良くなると株式は値上がりし、景気が悪くなれば値下がりします。株式投資をする際には、景気の動きを予測してお金を動かすことが必要になってきますが、株式の投資信託を選ぶ場合も基本は同じです。

投資先の企業の成長が期待できるかどうかで購入を検討すると良いでしょう。

・不動産に投資する投資信託

不動産で運用する投資信託も、景気に左右される側面があります。景気が良ければビルのテナントが埋まりますし、悪ければ空室ばかりになってしまうためです。

加えて、確定拠出年金での不動産投資は「ＲＥＩＴ」という商品を利用しているため、値動きは株式と似てきます。

ただし、株式市場に比べるとＲＥＩＴはまだ市場規模が小さいこともあり、株式以上に値動きが荒くなる傾向があります。

・債券に投資する投資信託

債券で運用する投資信託は、株式や不動産とは逆に、好景気に弱く、不景気に強いと言われています。

金利は、景気が悪くなると低くなる傾向があります。債券は金利が低くなると値上がりし、金利が高くなると値下がりするため、結果として債券は不景気に強くなるのです。

・海外資産に投資する投資信託

海外の資産を扱う際には、為替の動向にも着目する必要があります。

このタイプは一般的に、円高になると値下がりします。円高は、円以外の通貨の価値が下がることを意味するためです。逆に円安は、円以外の通貨の価値の値上がりを意味するので、その分だけ利益が出ることになります（為替ヘッジ付きを除く）。

ここまでの話は、次のようにシンプルにまとめることができます。

> 景気が良くなりそう→株式・不動産で運用する投資信託が有利
> 景気が悪くなりそう→債券で運用する投資信託が有利

円高になりそう→海外資産で運用する投資信託は避ける
円安になりそう→海外資産で運用する投資信託を検討してもいい

以上のことが理解できれば、どのように投資信託を組み合わせればいいのかを見極めることができるはずです。

●ポイントは分散させること

個々の特徴は前項の通りですが、注意しなければならないのは、単に投資信託の種類を増やすのでなく、複数の資産を組み合わせるようにすることです。

実際のグラフでその効果を見てみましょう。

次のページのグラフは、国内外の株式・債券それぞれの投資信託の過去5年間における価格推移をあらわしたものです。

見比べてみると、国内外の株式で運用した投資信託の成績が良くなっていますが、

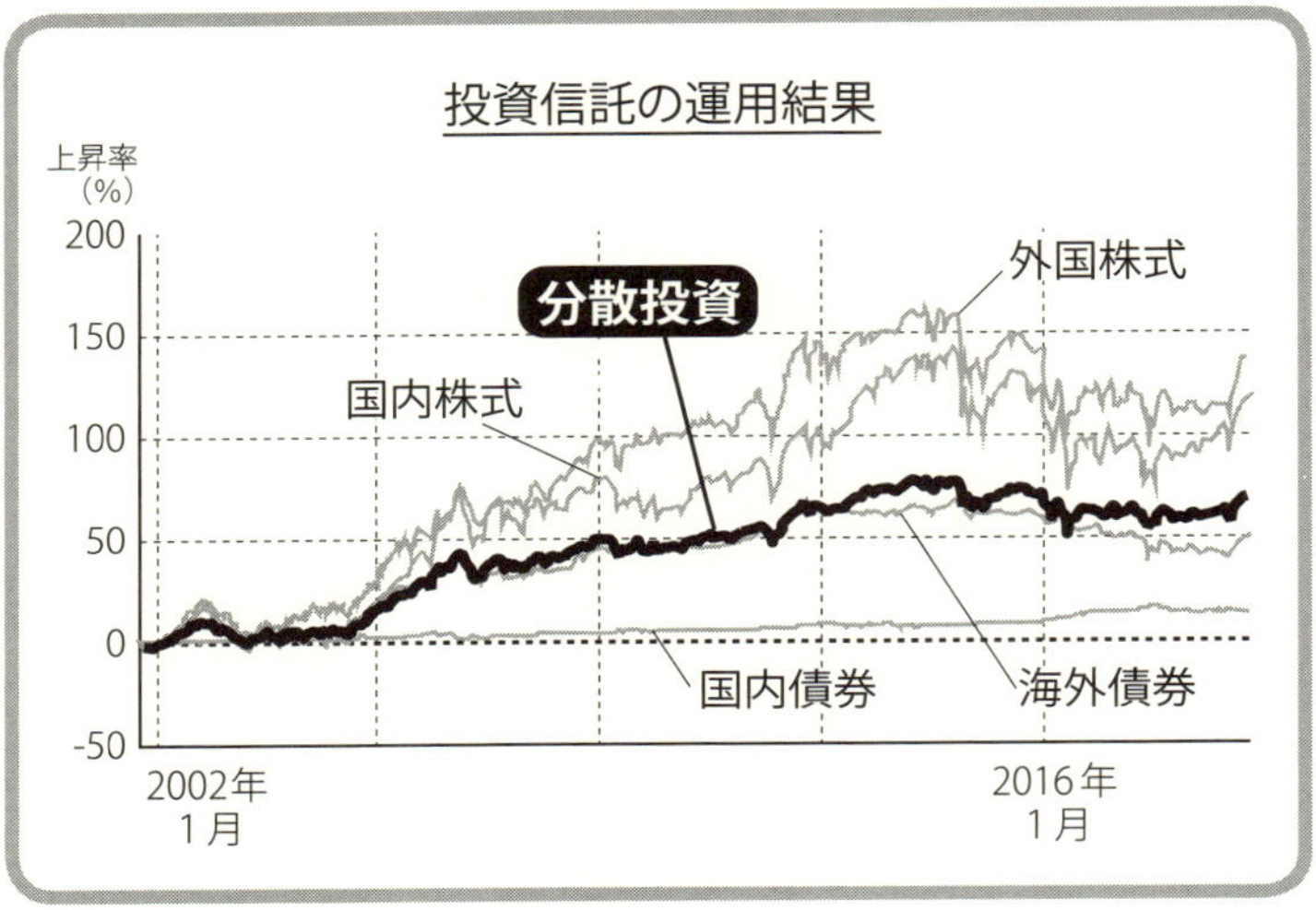

これはたまたまリーマンショック後の景気回復局面に当たったためと考えられます。

注目していただきたいのは、中ほどにある太い線です。

これは、株式と債券におおむね半分ずつ投資した投資信託の運用結果です。株式のみで運用した投資信託に比べると、リターンが物足りないと感じるかもしれませんが、値動きの変動幅は小さくなっています。

つまり、**リスクが低くなっている**ということです。

これがまさに分散投資の効果です。

このように、資産の種類が異なってい

れば、あらゆるケースである程度のリスクを回避することができるのです。

■メンテナンスが必要

序盤では、確定拠出年金では「口座を作った後は放置してもいい」と書きましたが（30ページ）、投資を始めた場合は、そういうわけにはいきません。

投資でもっともやってはいけないことは「放置」です。

実際の投資の現場でも、下手な人ほど資産をほったらかしにしてしまいます。これを俗に「塩漬け」と呼んでいますが、漬物をほったらかしにすると腐ってしまうように、せっかくの資産が台なしになりかねません。

そこで必要となるのが**メンテナンス**です。

ここでは、もっとも基本的なメンテナンス方法である**「リバランス」**を紹介しましょう。

◆メンテナンスが必要◆

たとえば、株式と債券に50万円ずつ投資していて、株式が１００万円に値上がりした時、みなさんはどうするでしょうか？

ほとんどの方は、何もしません。

値上がりした株を売ってしまうと、もっと値上がりした時に「損をした」と感じてしまうからでしょう。

しかし、一方的に値が上がり続ける資産などありません。結局、タイミングをはかっている間に株価が下がって、せっかくの儲けのチャンスを台なしにしてしまうことになります。

利益や損失だけに注目していると、「リスクを小さくしつつお金を増やす」という本来の目的を見失って、誤った判断をしてしまうのです。

１０７ページに記したことを思い出してください。

資産に占める株式の割合が増えているということは、リスクが高まっているということです。資産を買ったままにしておくと、いつの間にか当初よりリスクが高く

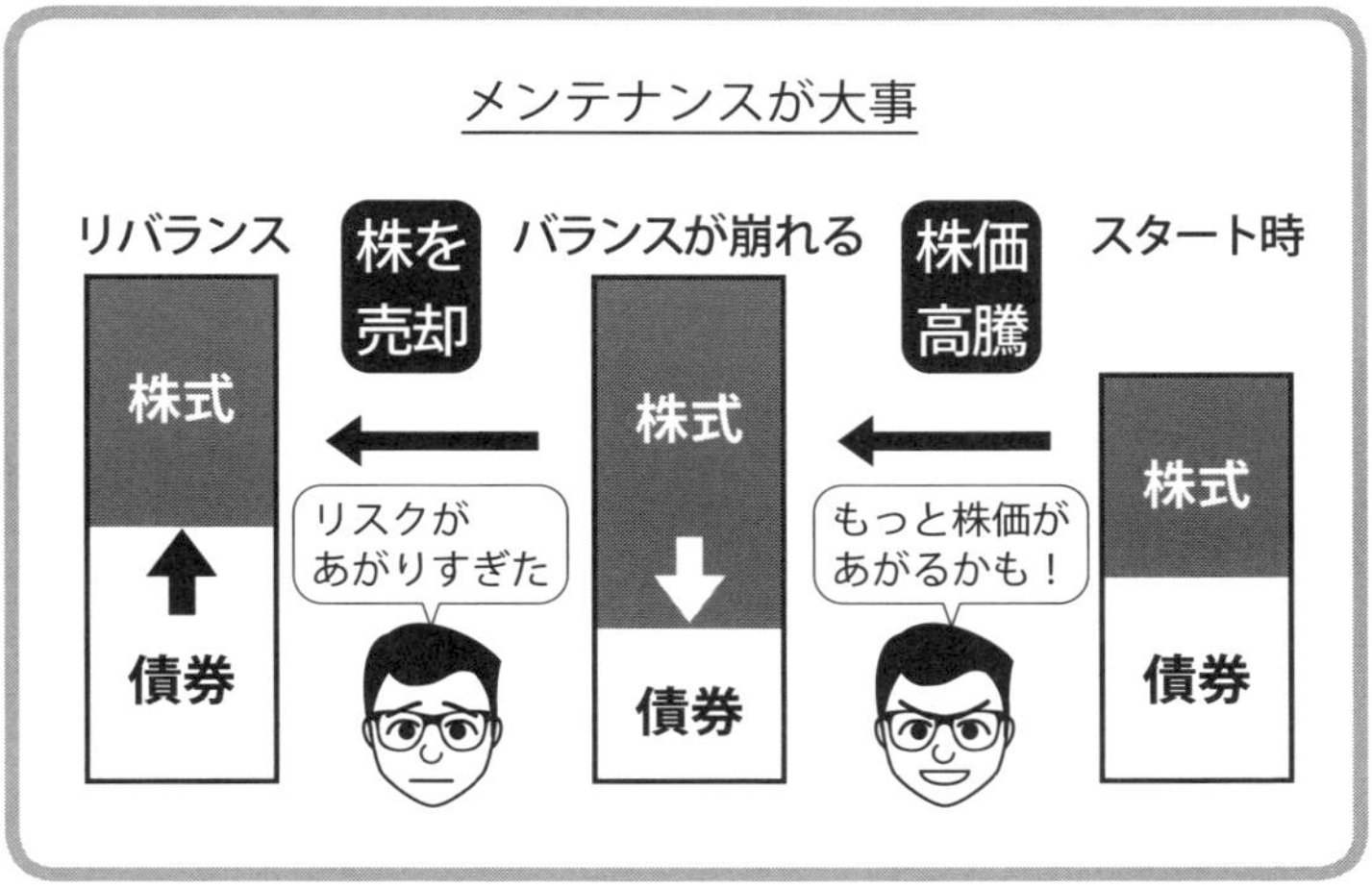

なってしまうことがあるのです。

そのような時の対策は、株式を25万円売却して、そのお金で債券を買うことです。そうすれば、お互い75万円の半分ずつに戻ります。

これが**「リバランス」**です。

確定拠出年金の資産残高は、資産の値上がりや値下がりによって変動します。

毎日その変動をチェックする必要はありませんが、**できれば半年に1回程度、少なくとも年に1回はチェック**して、大幅にバランスが崩れた時にはしっかりとリバランスをしましょう。

ちなみに、バランス型の投資信託は、

このリバランスを自動的に行ってくれるので、メンテナンスも簡単です。

■年齢に応じて投資スタイルを変える

ここまで見てきたように、分散投資は誰にとっても必須かつ有効です。

しかし、どのような分散投資が有効なのかは、人によって、また年齢によっても異なります。

平均寿命にかんがみると、先はまだまだ長いようです。同じ人でも、時期や状況によってリスクのとれる範囲は変わってくるでしょう。それに合わせて運用方法も変えなければなりません。


左のグラフは、**「先行型運用」**と**「一定狙いの運用」**でどちらも毎月5000円ずつ、約1150万円積み立てたケースをシミュレーションしたものです。

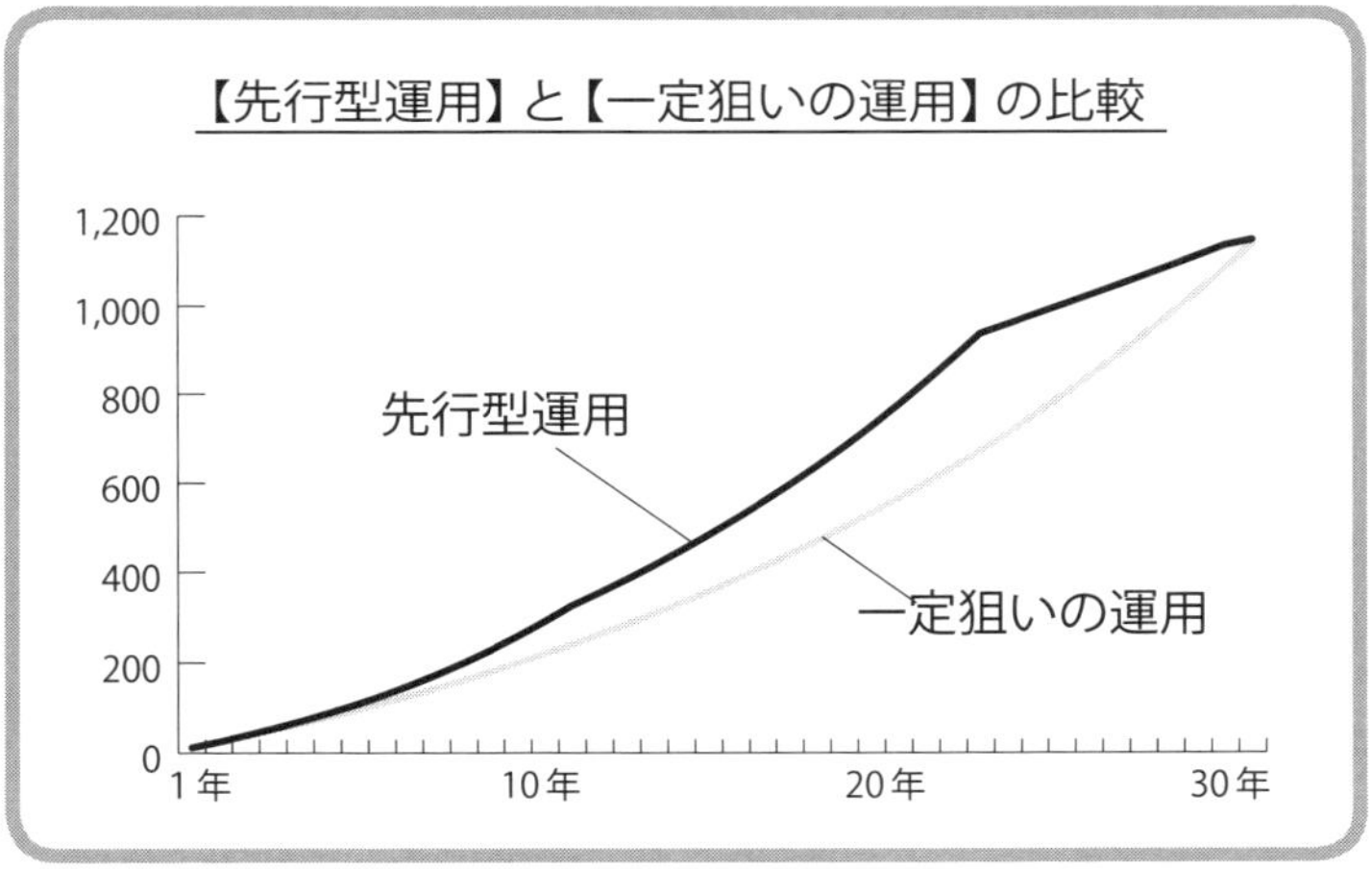

「先行型運用」は、当初は期待利回りを高くしているものの、運用終了に近づくにつれて低くしていくので、当然リスクも小さくなります。特に終了間際にはノーリスクで運用するので、資産が減る心配はありません。

一方で「一定狙いの運用」は、最後まである程度の利回りを狙い続けるものなので、終了間際に大きく資産が減ってしまう危険をはらんでいます。

確定拠出年金では、「先行型運用」を行うのがセオリーです。

若いうちは、運用に失敗しても、その損失を取り戻すだけの時間的な余裕があります。積立額もまだ小さいでしょうから、長い将来を考えると金額的な影響も小さいと考えられます。

一方で、年齢が高くなってくると時間的な余裕がなくなるうえに、積立額もふくらんでいることが予想されます。その状態で大きな損失が発生すると大変です。

そのため、年齢に応じてリスクの低い運用に切り替えていく運用、具体的には**株式の割合が低い運用にシフトしていく**のが有効ということになります。

このような考え方を**「リアロケーション」**と呼んでいます。短期的なリバランスよりも大局的なものと考えてください。

とはいえ、株式の割合を減らしていくというのはなかなか面倒な作業です。

そんなときは、**「ターゲットイヤー型」**というバランス型投資信託を使うといった選択肢もあります。

これは、最初のうちはリスクの高い資産へ多めに投資しておき、年を経るごとに少しずつその割合を減らしていくという投資信託です。最終的にはリスクの高い資産の割合はゼロになり、その時点を「ターゲットイヤー」と呼ぶので、この名前がついています。

比較的手間が少ない商品なので、検討してみても良いでしょう。

■積立のメリットを活かす

ここで、リスクヘッジの方法をもうひとつご紹介します。

確定拠出年金では、毎月積み立てを行います。そのため、高額の資金で一発勝負をするのは難しいしくみとなっています。

投資するタイミングが分散することで、より賢い投資ができるようになっているのです。

前述のように、投資信託は毎日基準価額が変わります。安い日にたくさん買って、高い日には買わなければいいのでしょうが、今日は安い日なのか、高くなる日はいつ来るのかなどということは分からないので、実践はまず難しいでしょう。

◆積立のメリットを活かす◆

ドルコスト平均法

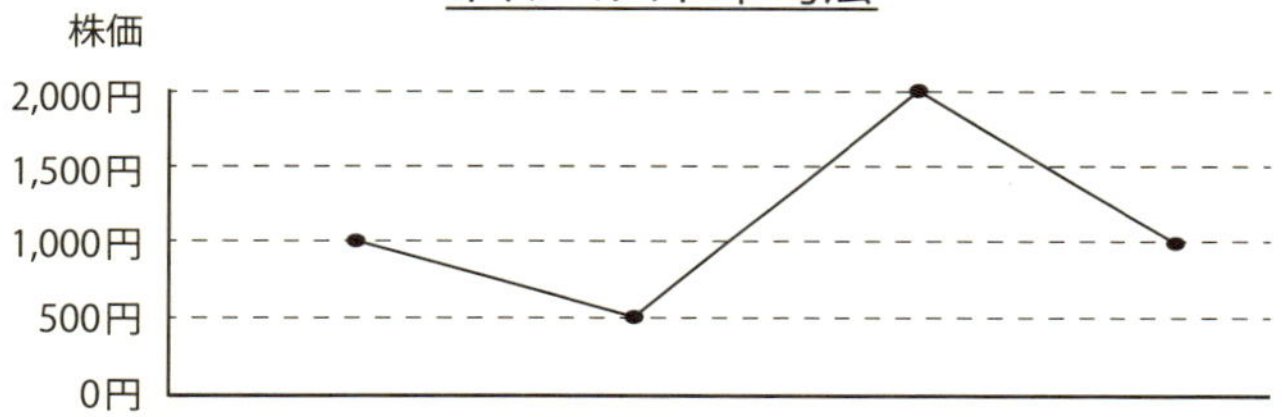

株価	1,000円	500円	2,000円	1,000円
積立金額	5,000円	5,000円	5,000円	5,000円
購入株数	5株	10株	2.5株	5株

安い日はたくさん買う　　高い日は少しだけ買う

その点、毎月同じ金額を投資し続けるのであれば、自然に安い日にたくさん、高い日は少しだけ買うという結果になります。毎日価格をチェックする必要もなくなるでしょう。

この方法は、**「ドルコスト平均法」**と呼ばれる、投資の基本中の基本ともいえるテクニックです。

確定拠出年金は、毎月の積み立てが基本です。確定拠出年金で投資信託を買うということは、そのつもりがなくても、自然とドルコスト平均法を採用していることになるのです。

なお、このドルコスト平均法にも注意

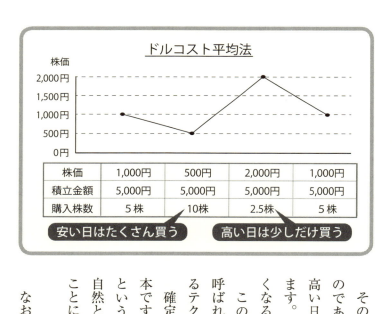

点があります。

運用当初はタイミングを分散する効果が高いのですが、長い期間続けていくと、購入した商品が多くなりすぎて、その後購入する部分の割合が相対的に少なくなってしまいます。

そうすると同じ商品を大量に持っていることになるので、その商品の価格が大きく下がると資産全体が減ってしまうのです。この点だけは気をつけてください。

対策としては、面倒ではあるものの、一度投資信託を売って預金などに移し、また一から買い始めるという方法が考えられます。

■NISAと確定拠出年金はどっちがトク？

運用益に税金がかからないように投資する方法としては、確定拠出年金の他にもう一つ、**NISA**《ニーサ》**（少額投資非課税制度）**があります。

運用益が非課税という点で、NISAと確定拠出年金は共通しています。

ただし左の表のように、いくつもの違いがあります。


もっとも大きな違いが**所得控除**です。

NISAでは、いくら投資にお金を回しても、その元本にかかる税金の額は変わりません。一方、確定拠出年金の場合は元本が所得控除となるため、積み立てるだけで節税になります。

また、NISAの場合は、一度購入したものは5年以内に損益を確定しなくてはなりません。一方、確定拠出年金はその資産を引き出すまで、つまり老後がやってくるまで運用益を非課税にし続けることができます。

確定拠出年金は、資産を原則として60歳になるまで引き出すことができません。対して、NISAはいつでも現金化して使うことができます。

ちなみに、子供を対象にした「ジュニアNISA」もありますが、この場合は、18歳（3月31日で18歳になる年の1月1日以降）になるまで現金化することができなくなります。

確定拠出年金とNISAの比較

	確定拠出年金	NISA
目的	老後資金の蓄え	資産運用
年間最大投資額	81.6万円	120万円
引き出し	60歳以降	いつでも可
受け取り時	課税（控除あり）	非課税
所得控除	あり	なし
投資額の運用期間	引出時まで	最大5年
運用益	非課税	非課税

総合すると、短中期の運用でちょっとお金を増やし、「儲かったら旅行にでも行こう」という目的で使うのがNISA、子どもの大学進学資金のために運用するのがジュニアNISA、そして老後に向けて着実に資産を運用していこうというのが確定拠出年金という位置づけになります。

制度としては似ているようでも、**目的がまったく異なる**のです。

どちらがおトクかというのも

大事なのですが、この2つについては、使い方次第という部分もあると言えるでしょう。

5章　実践してみよう

■始めてみよう

それでは、いよいよ実際に確定拠出年金を始める方法を解説します。

この5章では、個人型確定拠出年金の場合を扱います。個人型では自分で自由に運営管理機関や運用方法を選ぶことができます。せっかくなので、選ぶ楽しさを味わってください。

なお会社全体で制度に加入しているという方（企業型確定拠出年金の加入者）は、この手続きは必要ありません。

多くの方は、インターネット上で手続きを始めることになると思います。

もちろん銀行や証券会社などの窓口でも手続きは可能ですが、窓口が開いている時間帯にわざわざ足を運ぶのは、少し面倒でしょう。

多くの金融機関は、ネット上で資料請求を受け付けています。資料請求は無料で、書類提出は郵送でいいので、一度ネット上で各金融機関を確認してみると良いでしょう。具体的な作業としては次の通りです。

・口座開設の書類請求
・運用状況をチェックする
・運用方法や商品の種類・割合を変更する

これらはすべてネット上で行うことができます。

ただ、ネット上の取引は一人で完結できるために、チェックしてくれる人がおらず、うっかり間違ってしまいがちです。本章を片手に作業をしてください。

■口座を作ろう

確定拠出年金の最初のステップは、まず専用の口座を作ることです。すでにお持ちの一般の銀行口座をそのまま利用することはできません。

手間はかかりますが、長い将来のことを考えると、むしろここで少し手間をかけた方がいいのかもしれません。

というのも、じつはこの「口座を作る」というのが、**とても重要なステップ**だからです。

いくつか気をつけるべきポイントがあるので、ひとつずつ見ていきましょう。

■とても重要な運営管理機関選び

確定拠出年金のしくみは複雑です。いくつもの金融機関が関わっていて、左の図のようになっています。とはいえ、この図の中で**私たちが直接関わるのは一ヵ所だけ**です。そこだけ覚えておけば十分です。

それが、ここまで何度も出てきた**「運営管理機関」**です。

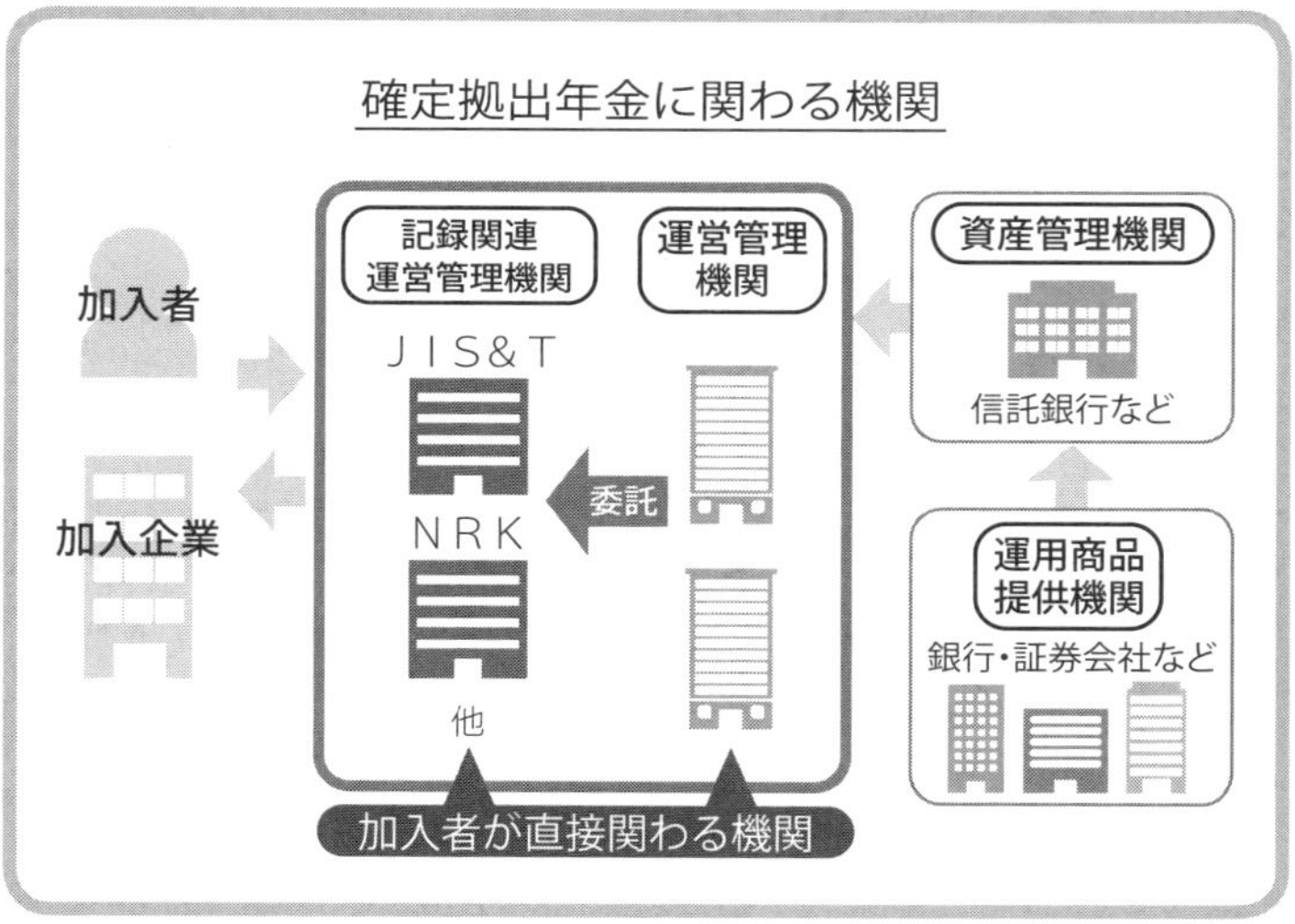

この選択でミスをすると、最悪の場合、自分のしたい運用ができなくなってしまいます。しかも運営管理機関は簡単に変更することができません。したがって、ここでのチョイスはかなり重要です。

では、どのようにして選べばいいのでしょうか。

次の3つに注目してください。

【1】運用商品
【2】手数料
【3】サポート体制の充実度

【1】運用商品…機関ごとに選べる商品が違う

まず一番に気をつけたいポイントは、運用商品です。

ここまで見てきたように、確定拠出年金では預金や保険など、いくつもの選択肢があります。しかし、運営管理機関によってはできないこともあります。

前述の通り、一度口座を作ると変更は難しくなります。不可能ではありませんが、手間がかかるし、変更にあたってはそれまで貯めた商品を解約する必要が出てきます。

自分のお金をどのように運用するかを自分で決めるためにも、自分が望む選択肢がその運営管理機関にあるのかどうか、必ずチェックしましょう。

【2】手数料…自分が納得できる機関を選ぼう

次に気になるのが手数料です。

57、58ページで書いた通り、確定拠出年金にかかる手数料は、加入時の手数料、運営管理費用、資産管理費用等です。運営管理機関によってそれぞれ異なるので、見比べてみる必要があります。

「安いに越したことはない」とも言えますが、安さゆえのサービスの少なさにのちのち不満を抱くことがないとも限りません。

コールセンター等のサポート体制ともあわせて考え、自分に合っているかどうかを確認しましょう。その上で納得できるのであれば、費用が高い大手の金融機関をあえて選んでも、損にはならないでしょう。

【3】サポート体制の充実度…分からないことを気軽に聞けるか

前項の手数料にも関わってきますが、サポート体制の確認も重要です。

各機関には、コールセンターが設置されています。運用に慣れていないと、ホームページや各種説明書を読むだけではすべてを理解できないものです。困った時にいつでも対応してくれる機関のほうが、サポートとしては心強いでしょう。

機関によっては、夜間や休日にも相談に応じてくれるので、自分のライフスタイルに合わせて検討してみましょう。

また、142ページに記したシミュレーションサービスも、サポートのひとつです。具体的なサービス内容は機関によって異なるので、加入手続きの前に、どんなことができるのかを確認しておくと良いでしょう。

さらに、メールマガジン等によって幅広く情報提供を行う機関もあります。

昨今は、マイナス金利など、金融に関する話題に事欠きません。最新のニュースがどのように自分に関わってくるのかなど、初心者向けに比較的分かりやすく情報を提供してくれる機関もあります。

以上のように、確定拠出年金では金融商品を選ぶ以前に、どの運営管理機関でスタートするかがとても重要になってきます。

すべての機関を比較するのは難しいでしょうが、少なくとも次の4つはチェックしてください。

①ネット系の金融機関…SBI証券、楽天証券など

②メガバンク…りそな銀行、みずほ銀行など
③大手証券会社…野村證券、大和証券など
④保険会社…第一生命、三井住友海上など

■加入手続きをしよう

運営管理機関を決めたら、次は確定拠出年金への加入手続きを行います。

正式には国民年金基金連合会へ申請することになりますが、実際は運営管理機関を通じて手続きをします。

具体的なアクションとしては、先ほど書いた通り、金融機関のホームページで資料請求を行い、届いた書類に記入して郵送するだけです。

ただ、ホームページ上で資料請求をする際には、注意すべきポイントがあります。

申し込みをする人の立場によって送られてくる資料が違ってくるケースがあるた

め、正確に記入する必要があるのです。

個人事業主なのか会社員なのか？　会社員だとすると以前企業型等の別の確定拠出年金に加入していたかどうか？　……それほど難しくはないので、正しく入力してください。

請求からしばらくすると、資料が手元に届きます。その中に**「個人型年金加入申出書」**と**「確認書」**があるので、この2つを書いて郵送します。

「個人型年金加入申出書」には基礎年金番号や引き落としをする口座の番号（給与天引きを除く）を記入するので、年金手帳や預金通帳も手元に用意しましょう。

会社員で個人型に加入したい方は、勤務先に「事業所登録申請書兼第2号加入者に係る事業主の証明書」という書類を渡して記入してもらい、前述の2つと合わせて提出することになります。

なかには書類の記入の方法を窓口で丁寧に教えてくれる金融機関もあるので、それらの機関に足を運ぶのも良いでしょう。

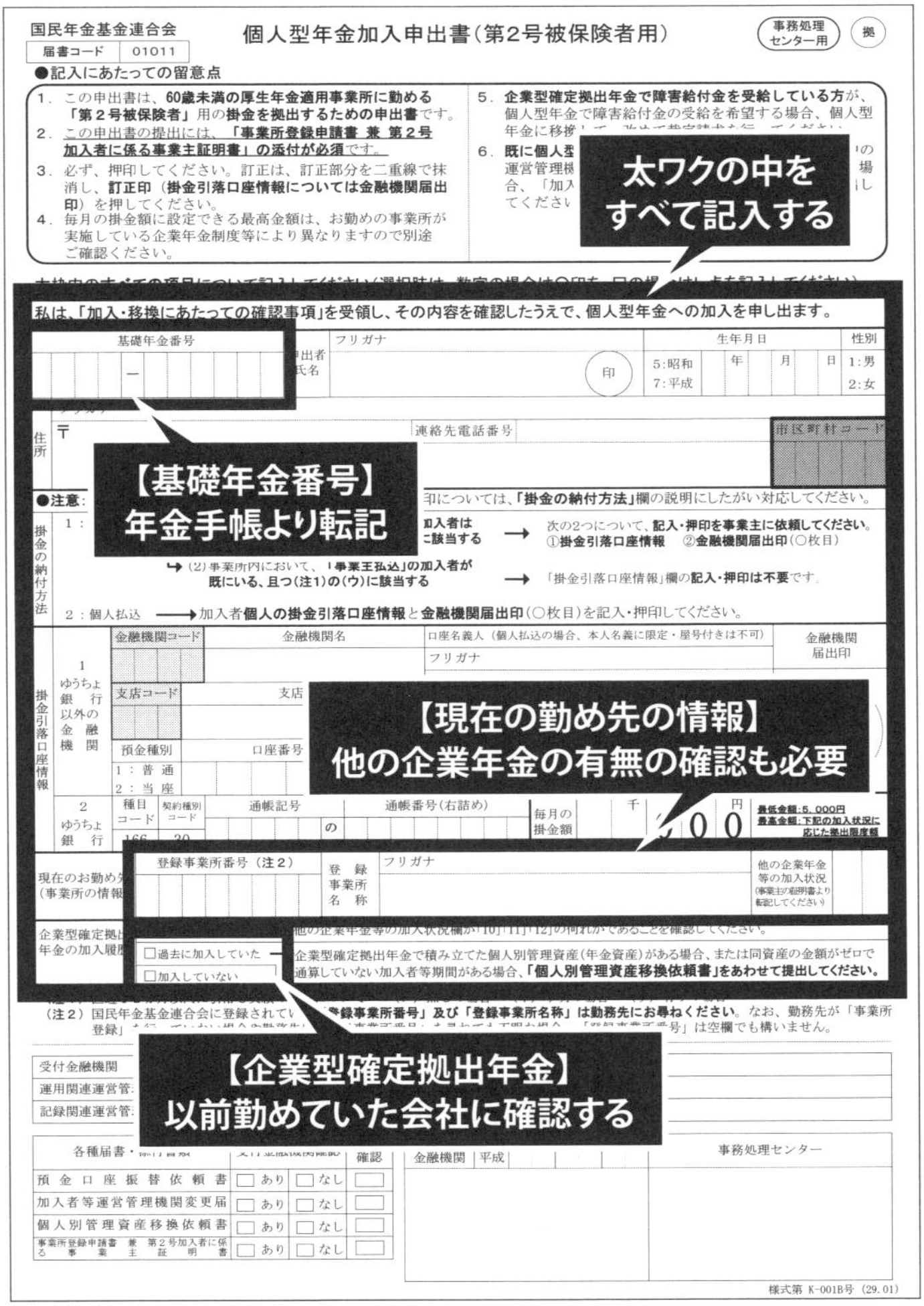

国民年金基金連合会「個人型年金加入申出書」の例（会社員用）

■運用方法を選ぼう

金融機関によっては最初に**「配分指定書」**を渡され、加入時に運用商品を指定することもあります。

この書類がない場合は、インターネットやコールセンターで商品選択を行わない限り、金融機関があらかじめ設定している商品（デフォルト商品）で初回の掛金が積み立てられることになります。

もちろん、加入後でも商品は変更できますが（１５０ページ参照）、初めての積み立てなので、自分自身で選択してみましょう。

なお、商品は１％刻みで選択できますが、合計が１００％にならないと再提出となってしまいます。

書類を送付すると、運営管理機関や国民年金基金連合会等による審査が行われ、無事に審査が終了すると、「個人型年金加入確認通知書」やパスワード等のお知らせが届きます。

ここまでできれば最初のステップはクリアです。あなたの専用口座ができました。

シミュレーションサービスで試してみよう

加入後に困るのが、運用の計画についてです。

老後の資産作りはどのように行うべきか？　どのようにして商品を選んだらよいのか？　――すぐに理解して、選べるものではありません。また、市場の状況によって商品を変える必要が出てくることもあるでしょう。

そこで多くの機関には、運用の一助となるべく、運用のシミュレーションができるサービスがあります。いくつかの質問に答えるだけで、自分の年齢や考え方にあった資産配分を提示してくれるのです。

実際の運用でも、やみくもに運用商品を選択するのではなく、シミュレーション

◆シミュレーションサービスで試してみよう◆

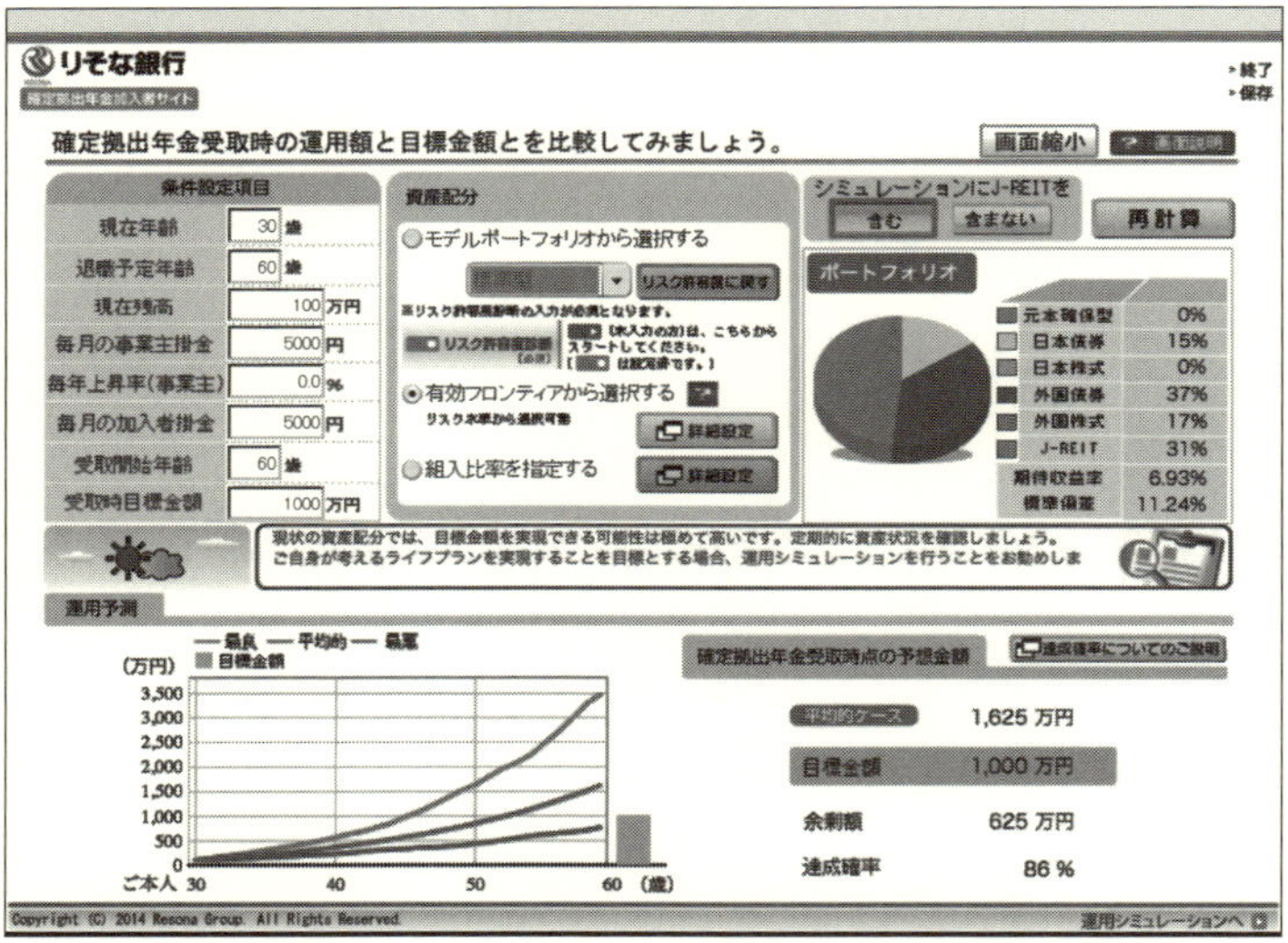

りそな銀行のシミュレーションサービス画面（企業型確定拠出年金のもの）

で提示された資産配分をベースに商品選択を行った方が、理論的に効率の良い運用ができると考えられています。

また、現状の運用を続けると将来の資産額はどうなるのかを試算したり、資産の組み合わせを変更した際のリターンやリスクの数値を計算してくれるサービスなどもあります。

図やグラフなど、ビジュアルで確認できる便利なサービスなので、ぜひ使ってみてください。

なお、「個人情報の共有」について同意している場合は、運営管理機関のホームページでも運用状況を確認したり、シミュレーションを行ったりできます。

■運用状況をチェックしよう

実際の運用を始めた後は、自分の運用状況をチェックしましょう。確認はＷＥＢ上やコールセンターで簡単にできます。

制度の運営は運営管理機関が担当していますが、運用商品の手続きに関する業務は外部委託しているので、私たちがアクセスするのはその委託先になります。委託されているのは、「ＪＩＳ＆Ｔ（日本インベスター・ソリューション・アンド・テクノロジー）」や「ＮＲＫ（日本レコード・キーピング・ネットワーク）」などです。

本書では、この2社の画面を例として掲載しています。

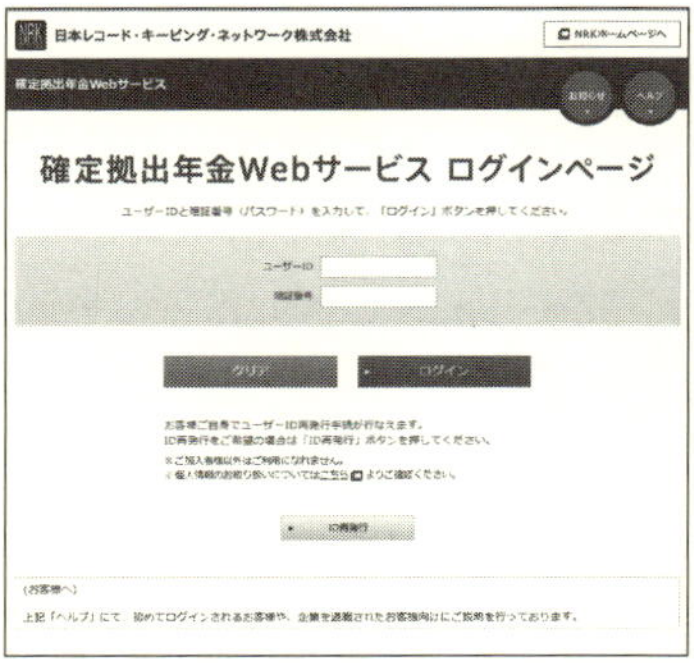

ＮＲＫのトップ画面
（https://www.nrkn.co.jp/rk/login.html）

ＪＩＳ＆Ｔのトップ画面
（https://www.jis-t.ne.jp/dczws000/o3w）

①ＷＥＢ上で確認する

上の画像は、「ＪＩＳ&Ｔ」および「ＮＲＫ」のトップ画面です。

ここからログインすると、最新の運用状況を確認することができます。

また、過去の全体的な運用損益や、商品ごとの損益状況も確認できます。

保険のように解約控除のある商品では解約価額が表示されますが、カッコ書きで満期まで保有した場合の金額も確認できます。

次ページから、実際の画面を確認してみましょう。

ＪＩＳ＆Ｔの個人の資産状況を確認する画面

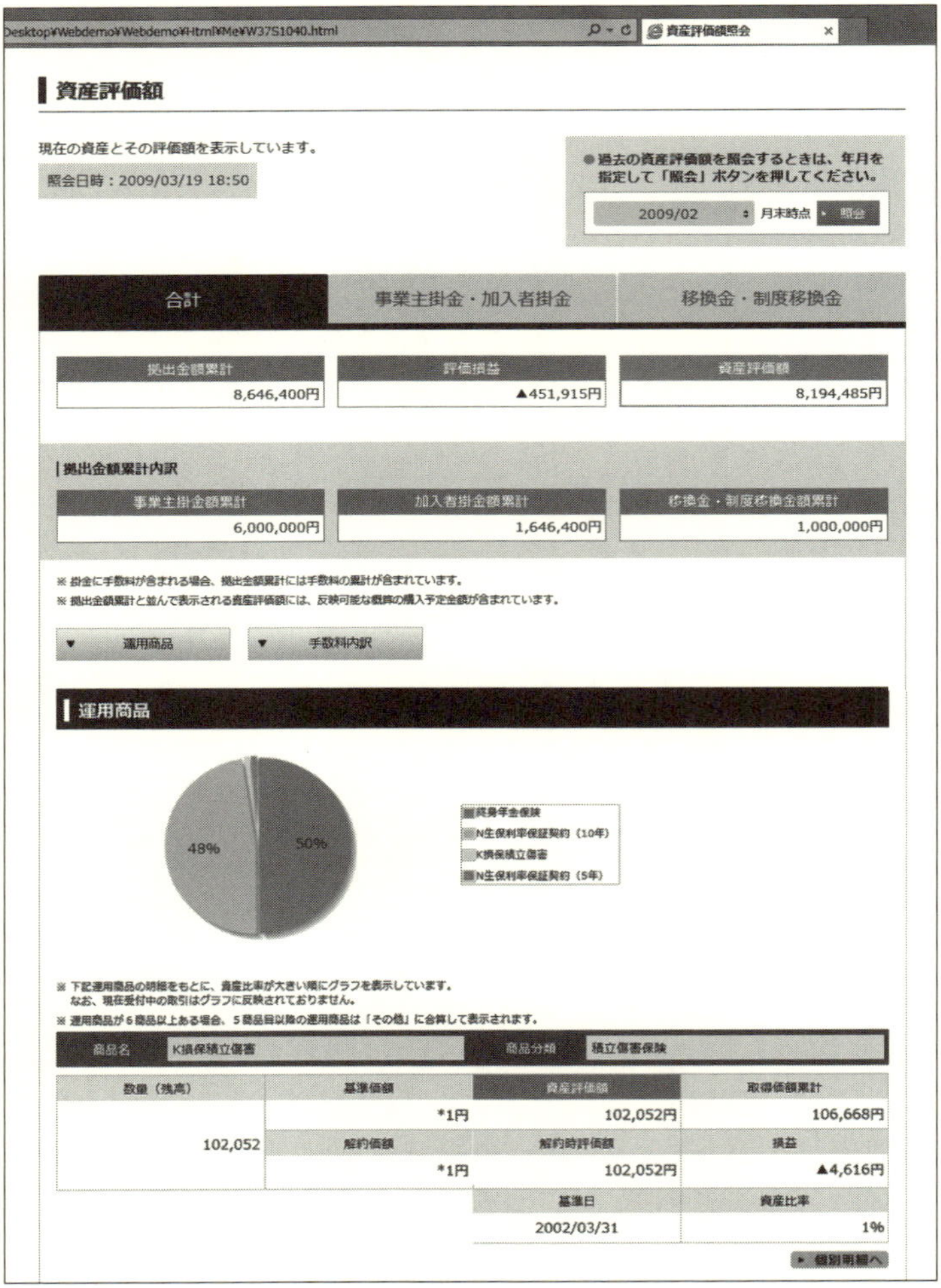

ＮＲＫの資産評価額の照会画面

②書類で確認する

年に1～2回程度、「お取引状況のお知らせ（残高のお知らせ）」が郵送されてくるので、書面で確認することもできます。

ただし、書類が作成される時期と、その書類が手元に届く日には若干のタイムラグがあるので、直近のデータではないという点には注意しておく必要があります。

そして、それまでに積み立てた「運用金額」に比べてどれだけ変動があったかを示すのが「評価損益」です。

また、「年金資産評価額の内訳」によって、円グラフでどんな商品をどのくらい持っているのかを視覚的にとらえることができます。他にも掛金の拠出履歴など、基本的な情報が網羅されています。

紙上でじっくりと運用状況を確認できることには、WEB上とは違ったメリットがあります。用語解説や市場環境の解説などもついているので、耳慣れない言葉が出てきた時には手元に置いて参考にすることもできます。

◆運用状況をチェックしよう◆

作成日 2004.10. 8
ﾍﾟｰｼﾞNo. 1/ 8

拠出 太郎 様

XXXXXXX－XXXXXXX－XXXXXXXXXX
－XXXXXXXXXX－XXXXXXXXXX

企業名 〇〇〇株式会社

事業所名 本社

所属名 △□〇部
従業員番号 9999999999

mmddDKIP0100－XXXXXXX－XX／XX－XXXXXX

確定拠出年金お取引状況のお知らせ

契約 1234567
〇〇〇確定拠出プラン
企業 2345678
〇〇〇株式会社
口座番号 1234567890
拠出 太郎 様

記録関連運営管理機関
JIS&T 日本ｲﾝﾍﾞｽﾀｰ・ｿﾘｭｰｼｮﾝ・ｱﾝﾄﾞ・ﾃｸﾉﾛｼﾞｰ株式会社

お問い合せ先 XXXX－XX－XXXX

平素より格別のお引き立てを賜り、誠にありがとうございます。
あなた様の今回基準日時点の年金資産評価額と２００４年 ４月 １日から２００４年 ９月３０日までのお取引状況を
ご報告いたします。なお、ご不明の点等がございましたら、上記の「お問い合せ先」までご連絡ください。

今回基準日 ２００４年 ９月３０日 前回基準日 ２００４年 ３月３１日

1、今回基準日時点の年金資産状況

❶評価損益

年金資産評価額		運用金額		評価損益
８９，４２２円	－	４１，７１８円	＝	４７，７０４円

運用金額の内訳

掛金額(定時拠出)	+	制度移行金額	+	受換金額	-	給付金額・移換金額	-	手数料
８０，０００円	+	１００，０００円	+	４５０，０００円	-	５８７，８６２円	-	４２０円

❷ 年金資産評価額の内訳（上位5商品を個別表示し、それ以外の商品および待機資金は「その他商品合計」に合算表示します。）

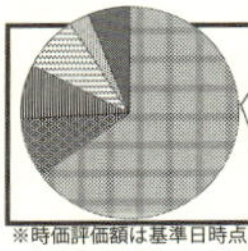

商品番号	商品名	割合	時価評価額
００６	DC MMF	６５％	５８，０００円
００１	DC投資信託	９％	８，２２２円
００３	ワイドDC	８％	７，６００円 ※
００４	DC GIC	８％	７，６００円 ※
００２	DC定期 １年	３％	３，０００円
	その他商品合計	６％	５，０００円

※時価評価額は基準日時点で売却を行った場合の金額を表示しております。当該商品については満期まで保有した場合の金額を次ページ以降に記載しておりますのでご参照ください。

①評価損益
年金資産評価額：基準日時点で運用商品の売却を行った場合の金額（時価評価額）と待機資金の合計額です。
商品によっては売却時に掛かる解約手数料等を差引いた額を使用しているため、時価評価額が元本を下回って表示される場合がありますのでご注意ください。商品個別の時価評価額については次ページ以降をご参照ください。
待機資金：基準日時点で取引が完了していない資金等です。待機資金は年金資産評価額に含まれます。
運用金額：現在の確定拠出年金制度に拠出された金額です。給付を受けられている方は給付額を減算しています。
評価損益：基準日時点における年金資産全体での"運用利益（プラス）"又は"運用損失（マイナス）"を表しています。
運用金額の内訳
掛金額（定時拠出）：現在の確定拠出年金制度に掛金として拠出された金額の累計です。
制度移行金額 ：企業年金制度又は退職手当制度（退職金制度）から現在の確定拠出年金制度に移された年金資産の累計です。
受換金額：転職等により、他の確定拠出年金制度又は他の企業年金制度等から現在の確定拠出年金制度に移された年金資産です。
給付金額：給付金額は一時金および年金としてお支払いした金額（税込）の累計です。
移換金額：転職等により、現在の確定拠出年金制度から他の確定拠出年金制度に移される年金資産です。規約の定めにより事業主へ返還した掛金を含みます。
手数料：毎月の掛金額等からあなた様が負担された事務費等の金額の累計です。

②年金資産評価額の内訳
今回基準日時点の商品毎の時価評価額が年金資産評価額に占める割合をグラフ表示しています。なお、「割合」に関しましては、小数点以下を四捨五入した数値を表示しておりますので、合計が100%にならない場合があります。

JIS&T

－次ページへつづく－

mmddDKIP0100－XXXXXXX－XX／XX－XXXXXXX－XXXXXXX

ＪＩＳ＆Ｔの「お取引状況のお知らせ」

2016.11版

出力帳票見本

確定拠出年金・残高のお知らせ

0000001　1 ページ

作成日　2012年　4月　6日
作成基準日　2012年　3月　31日

100-0005
千代田区丸の内３－４－１
年金　太郎　様

000006　11009521　356
0001002236　0000102599

TX10000026＃

日頃よりお引き立てを賜り、ありがとうございます。お客さまの確定拠出年金の残高とお取引内容につきまして、以下ご報告させていただきます。

運営管理機関
NRK銀行
11XXXXXX
LPKB0010

お知らせ

※見本のため各欄の整合性はありません。

運営管理機関（登録番号）	NRK銀行	(800000X)	加入者資格取得日	2001 年 12 月 1 日
運用関連運営管理機関（登録番号）	NRK銀行証券	(800000X)	加入者資格喪失日	2011 年 9 月 11 日
プラン名（プラン番号）	401Kプラン	(0000XX)	運用指図者資格取得日	2011 年 9 月 11 日
プランコース名（プランコース）	NRK商事	(200000XX)	運用指図者資格喪失日	
商品ｸﾞﾙｰﾌﾟ名（商品ｸﾞﾙｰﾌﾟコード）	ｸﾞﾙｰﾌﾟA	(001)	老齢給付金受給権取得日	2011 年 9 月 11 日
加入者番号	00000000XX			

現在の資産評価額　2012年3月31日現在

(A) 資産評価額	500,000 円
(B) 拠出金累計	450,000 円
(C) 給付金累計・移換金送金額	0 円
(D) 評価損益(A−B+C)	50,000 円
(E) 個人別管理資産額(A−F)	490,000 円
(F) 解約控除額等	10,000 円

●拠出金累計(B)の内訳

①加入者掛金	450,000 円
②移換金	0 円
合計	450,000 円

※資産評価額(A)は、以下の手数料等累計が差し引かれています。
手数料等累計　4,500円

各金額の解説は裏面をご参照ください。
記載している資産評価額、評価損益等は日々変動しています。最新の金額はWeb(インターネット)やコールセンターでご確認いただけます。
お客さまは、確定拠出年金で積み立てた資産を一時金または年金で受け取ることができます。請求手続きについては下記コールセンターへ問い合わせください。

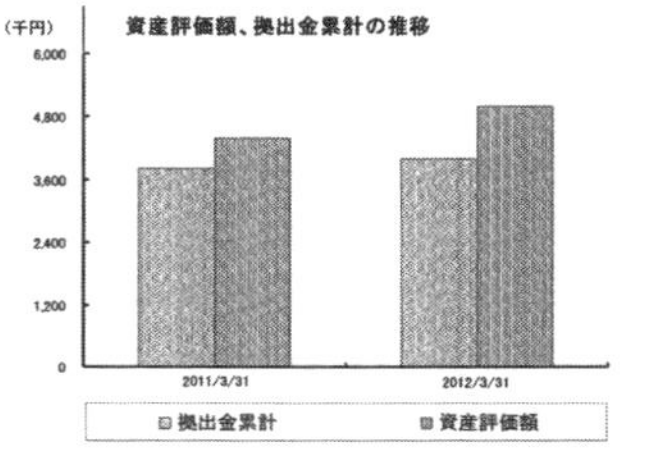

前回ご報告　2011年3月31日時点

資産評価額	450,000 円
拠出金累計	380,000 円
給付金累計・移換金送金額	0 円
評価損益	70,000 円
個人別管理資産額	440,000 円

※給付金累計・移換金送金額がある場合は、拠出金累計から控除しています。
控除後マイナスとなる場合は0円としています。

ご不明な点、お問い合わせについては、インターネットまたはコールセンターをご利用ください。

運営管理業務の一部は日本レコード・キーピング・ネットワーク株式会社が行っております。

コールセンター
NRK銀行株式会社コールセンター
03-1234-XXXX

インターネット
NRK銀行株式会社401Kホームページ
http://www.nrk.co.jp

NRKの「残高のお知らせ」

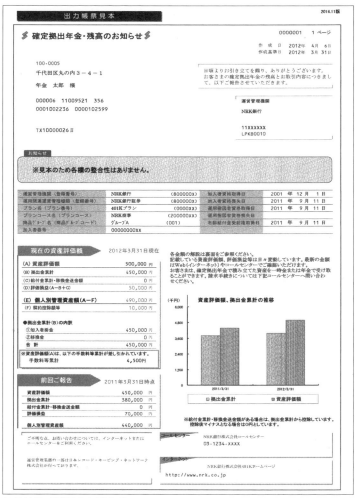

運用商品を変更してみよう

シミュレーションをしたら、次は実行です。

一度購入した商品は、簡単に変更することができます。たとえば、それまで預金で貯めてきたお金で投資信託を買ってみようと思った時、あるいはその逆なども、ネット上で手続きができるのです。

おおよそのことは見れば分かるようになっていますが、商品変更でよく行われる次の2つのパターンを見てみます。

【1】積み立て方法を変更する

掛金が積み立てられる日（拠出日）のおおむね3営業日前までに手続きを行えば、当月分からその変更が反映されます。

手続きが正しく完了しているか不安になった場合は、コールセンターへ確認してみるのも良いでしょう。インターネット上での指示も、コールセンターへの電話も、どちらも無料です。

１５２ページは、「ＪＩＳ＆Ｔ」の商品別配分変更の画面です。まず画面の左側にあるタブで①「商品別配分変更」のタブをクリックします。すると配分の変更ができるようになるので、②部分に希望の数字を入力してください。その後、入力が反映されているかを確認し、問題がなければ完了です。

「ＮＲＫ」の場合は１５３ページを参照してください。こちらではまず、①積み立て方を変更する月を選択し、②積み立てたい商品を選んでチェックして、③「商品の割合」で１％刻みで数字を入力し、④確認して手続き完了です。

方法自体はどの運営管理機関も似ていて、簡単に操作ができます。ただ、機関によって細かな言葉の違いがあるので、利用することで慣れていきましょう。

【1】積み立て方法を変更する（ＪＩＳ＆Ｔ）「商品別配分変更」

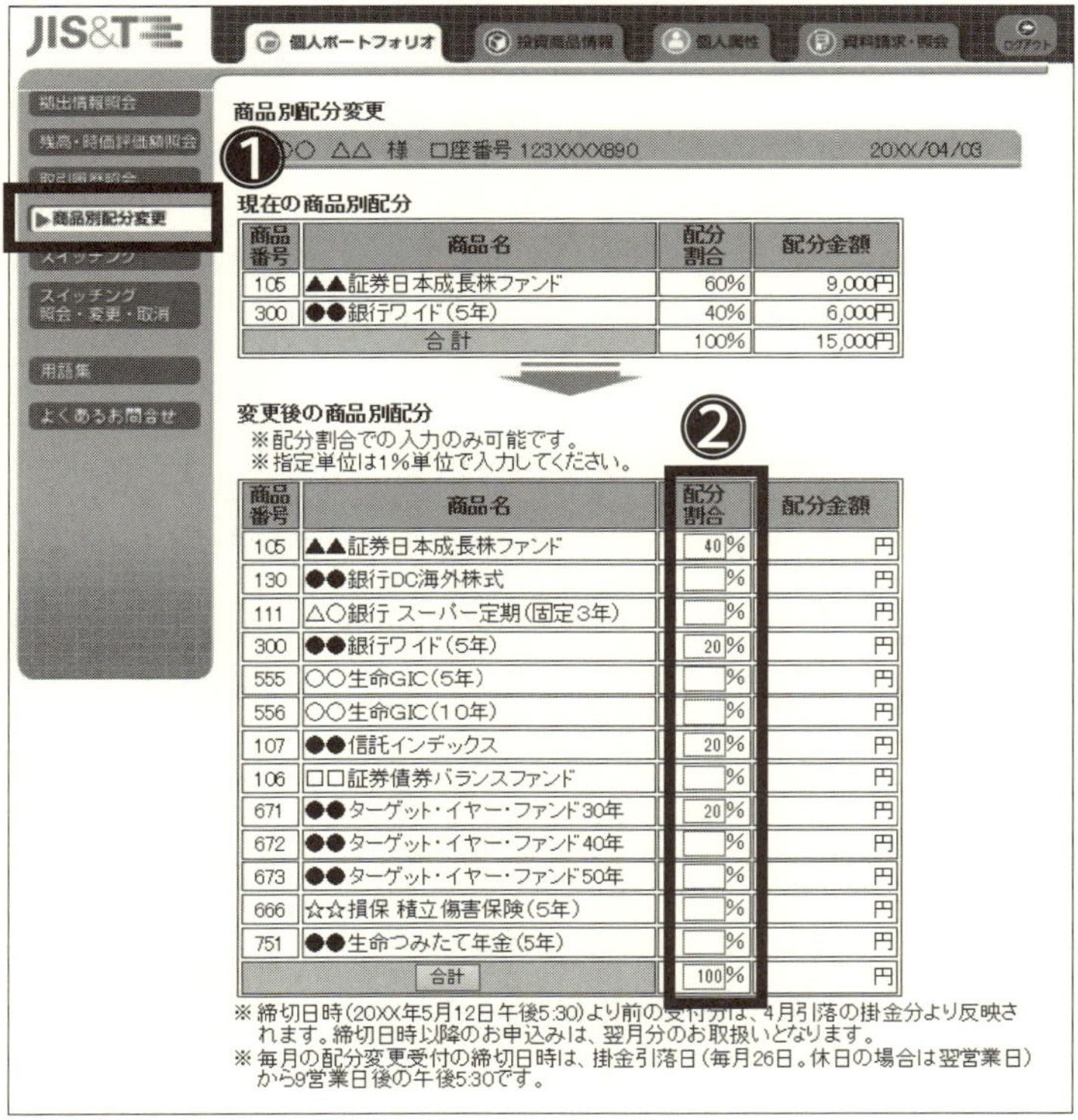

①画面左側の「商品別配分変更」のタブをクリックする
②選択できる商品が表示されるので、それぞれの割合を指定する
③確認して手続き完了

【1】積み立て方法を変更する（ＮＲＫ）「運用割合の変更」

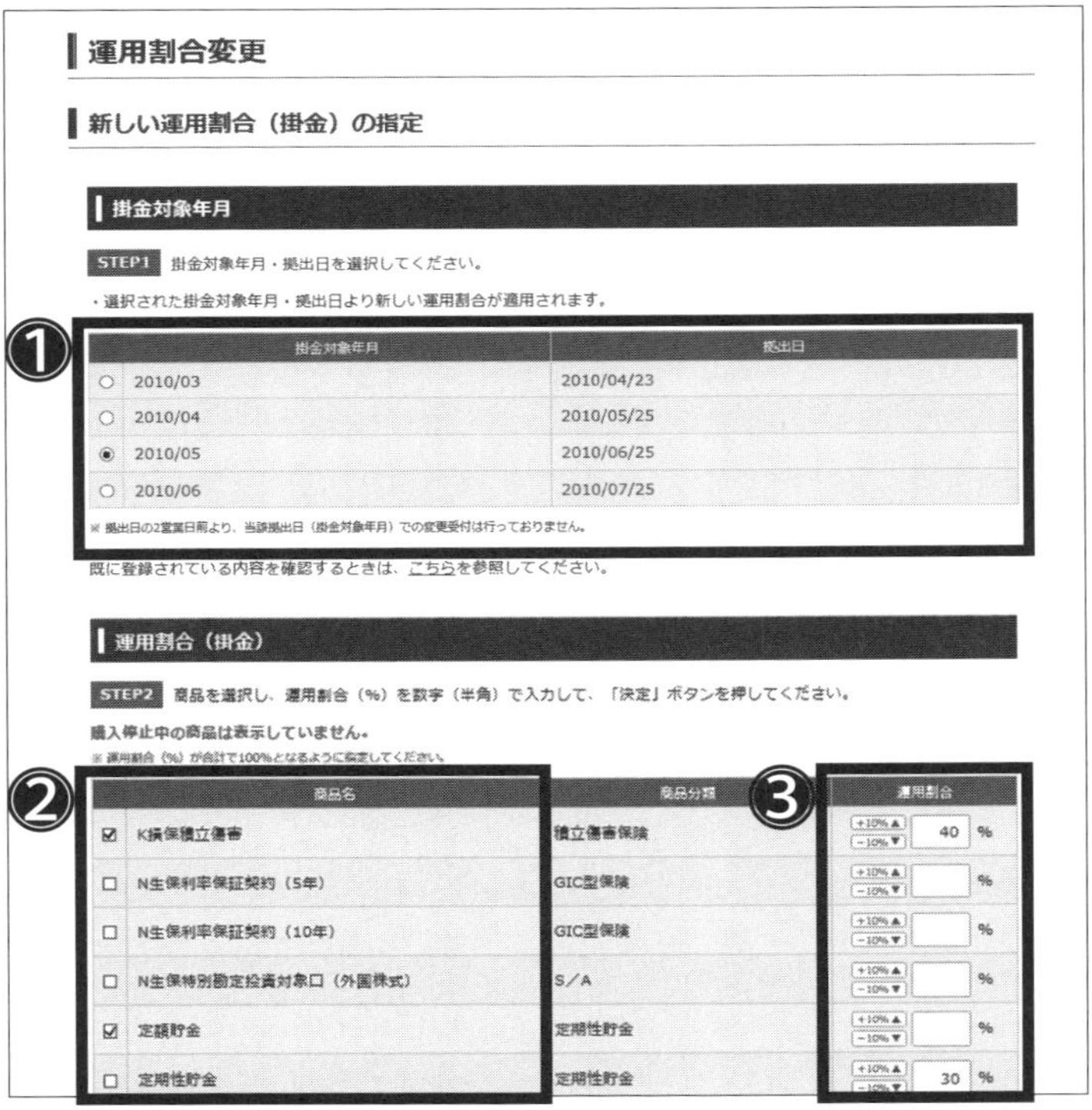

①積み立て方を変更する月を選択する
②積み立てたい商品を選んでチェックする
③商品の割合を入力する
④確認して手続き完了

【2】購入した商品を買い替える

購入した商品を売却したい場合は、JIS&Tでは「スイッチング」、NRKでは「運用商品の預替え」を行います。

なお、この部分の変更に関しては、手続きから実際の取引まで数日のタイムラグがあります。商品によっても違いがあり、数時間内に操作を行えば、手続きを取り消すことも可能です。

詳しくは運営管理機関へ確認する必要がありますが、いずれにしても、投資信託をデイトレード感覚で売買することはできないので注意しましょう。

手続きそのものに手数料はかかりませんが、保険商品の解約控除や投資信託の信託財産留保額は別途かかります。

次のページから、画像とともに手順を確認してください。

【2】購入した商品を買い替える（ＪＩＳ＆Ｔ）「スイッチング」

商品番号	商品名 / 残高	時価単価	時価単価の単位	時価評価額	時価基準日
105	▲▲証券日本成長株ファンド				
	405,000口	10,600円	10,000口当り	429,300円	20XX/04/01
[illegible]	●●銀行MMF				
	80,000口	−	−	80,000円	−
111	△○銀行 スーパー定期(固定3年)				
	12,000円	−	−	12,000円	−
112	△○銀行 スーパー定期(変動)				
	6,000円	−	−	6,000円	−
300	●●銀行ワイド(5年)				
	3,000円	−	−	3,000円	20XX/04/01
555	○○生命GIC(5年)				
	44,000口	−	−	44,000円	20XX/04/01
107	JA共済				
	15口	10,050円	1口当り	150,750円	20XX/04/01
106	□□証券債券バランスファンド				
	275,000口	10,520円	10,000口当り	289,300円	20XX/04/01
671	郵便局通常貯金				
	40,000円	−	−	40,000円	−
672	郵便局定期貯金(3年)				
	70口	−	−	70,000円	−
673	郵便局定額貯金				
	21口	−	−	21,000円	−
666	☆☆損保 積立傷害保険(5年)				
	45,000口	−	−	45,000円	20XX/04/01
751	郵便局簡易保険(終身年金)				
	2,000口	−	−	スイッチング中	

※残高にはスイッチング受付中、満期・償還に伴う自動継続処理中の残高が含まれておりません。
※時価単価・時価評価額は参考値です。

①売却したい商品を選択する

（次ページに続く）

【2】購入した商品を買い替える（ＪＩＳ＆Ｔ）「スイッチング」続き

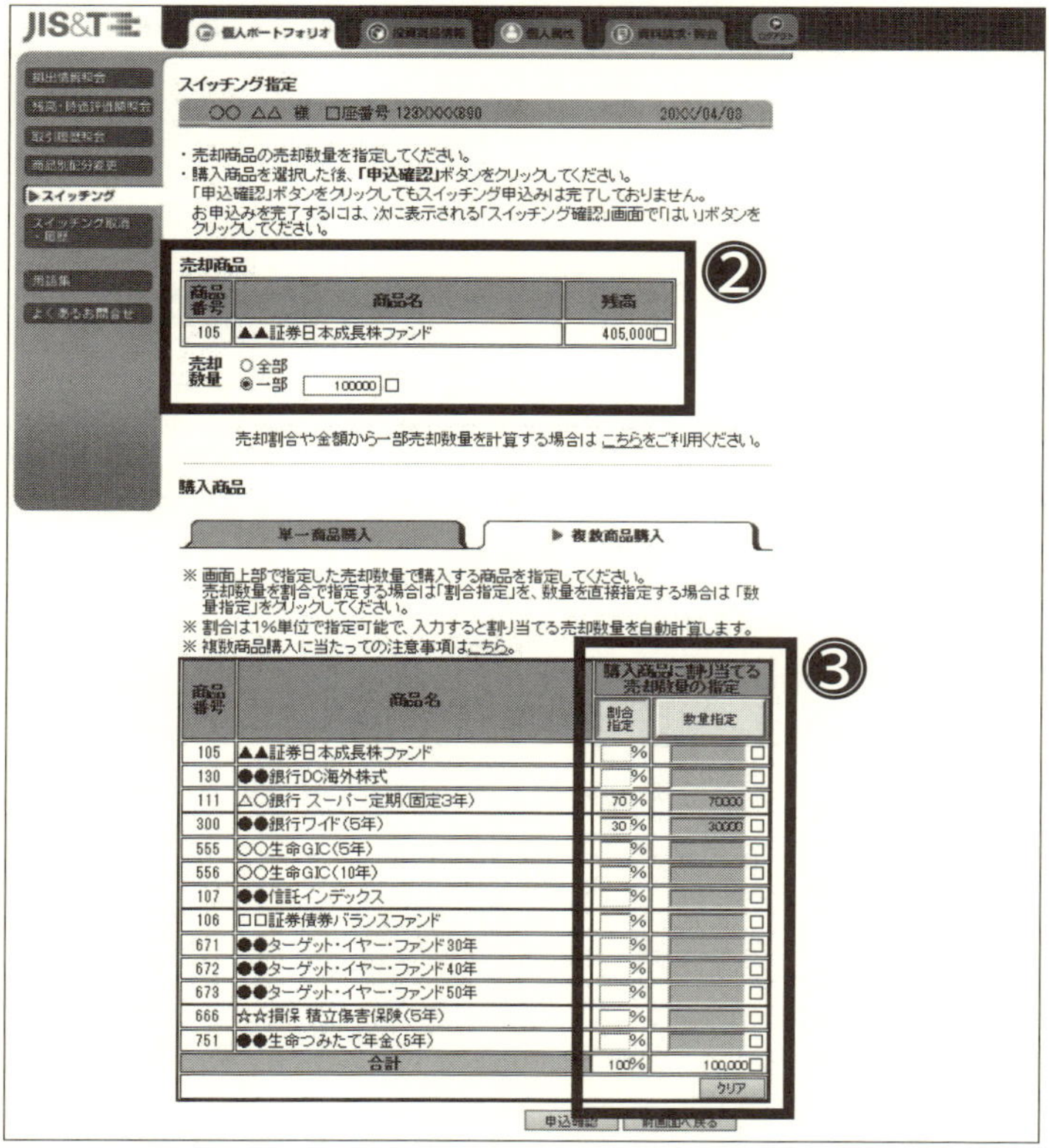

②どの程度売却するかを入力する（商品の一部だけを売却することも可能）
③売却したお金でどの商品を購入するかを選択する
④確認して手続き完了

【2】購入した商品を買い替える（NRK）「運用商品の預替え」

①売却したい商品を選択する
②どの程度売却するかを入力する（商品の一部だけを売却することも可能）
（次ページに続く）

【2】購入した商品を買い替える（ＮＲＫ）「運用商品の預替え」続き

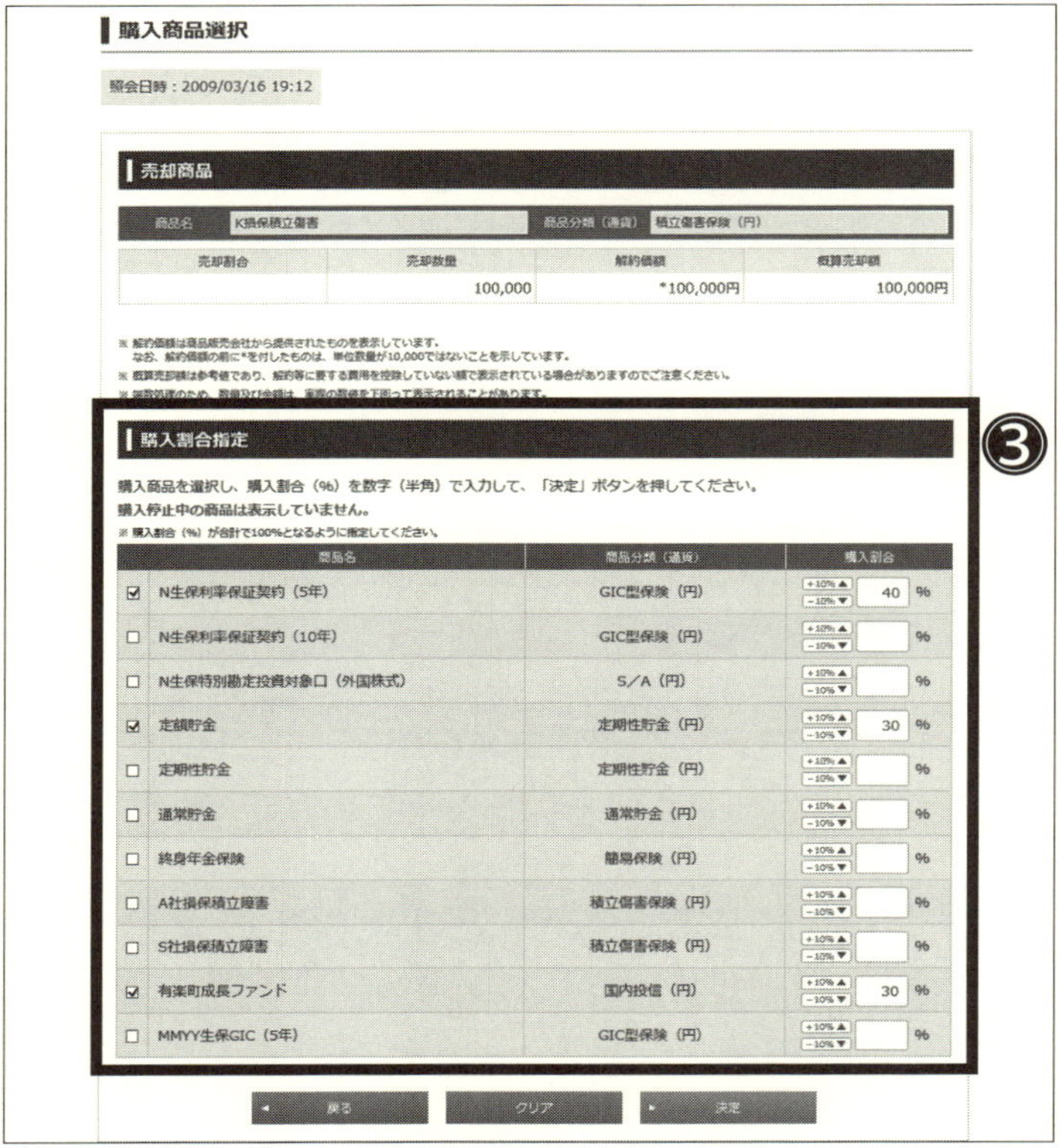

購入商品選択

照会日時：2009/03/16 19:12

売却商品

商品名	K損保積立傷害	商品分類（通貨）	積立傷害保険（円）

売却割合	売却数量	解約価額	概算売却額
	100,000	*100,000円	100,000円

※ 解約価額は商品販売会社から提供されたものを表示しています。
なお、解約価額の前に*を付したものは、単位数量が10,000ではないことを示しています。
※ 概算売却額は参考値であり、解約等に要する費用を控除していない額で表示されている場合がありますのでご注意ください。
※ 端数処理のため、数量及び金額は、実際の数値を下回って表示されることがあります。

購入割合指定

③

購入商品を選択し、購入割合（%）を数字（半角）で入力して、「決定」ボタンを押してください。

購入停止中の商品は表示していません。
※ 購入割合（%）が合計で100%となるように指定してください。

	商品名	商品分類（通貨）	購入割合
☑	N生保利率保証契約（5年）	GIC型保険（円）	+10% ▲ −10% ▼ 40 %
☐	N生保利率保証契約（10年）	GIC型保険（円）	+10% ▲ −10% ▼ %
☐	N生保特別勘定投資対象口（外国株式）	S／A（円）	+10% ▲ −10% ▼ %
☑	定額貯金	定期性貯金（円）	+10% ▲ −10% ▼ 30 %
☐	定期性貯金	定期性貯金（円）	+10% ▲ −10% ▼ %
☐	通常貯金	通常貯金（円）	+10% ▲ −10% ▼ %
☐	終身年金保険	簡易保険（円）	+10% ▲ −10% ▼ %
☐	A社損保積立障害	積立傷害保険（円）	+10% ▲ −10% ▼ %
☐	S社損保積立障害	積立傷害保険（円）	+10% ▲ −10% ▼ %
☑	有楽町成長ファンド	国内投信（円）	+10% ▲ −10% ▼ 30 %
☐	MMYY生保GIC（5年）	GIC型保険（円）	+10% ▲ −10% ▼ %

◂ 戻る　クリア　▸ 決定

③売却したお金でどの商品を購入するかを選択する
④確認して手続き完了

6章 サラリーマンの確定拠出年金

■サラリーマンの確定拠出年金の種類

企業の中には、独自に年金制度をもうけているところがあります。それらを総じて「企業年金」と呼んでいます。

これは、企業が資金を蓄えておいて、従業員の退職後に支給してくれるものです。基本的に企業が自由に決めるものなので、様々なタイプがありますが、代表的なものとしては「確定給付企業年金」や「厚生年金基金」が挙げられます。

「確定給付企業年金」は、主に企業が従業員の退職後のために掛金を積み立てるものです。あらかじめ給付額を決めておくので、運用に失敗すると企業が資金を追加拠出することがあります。つまり、運用のリスクは企業が負っているということです。

「厚生年金基金」も同様に、企業が従業員のために掛金を積み立てるものですが、あわせて厚生年金の運用も代行するので、運用の責任はさらに重くなります。

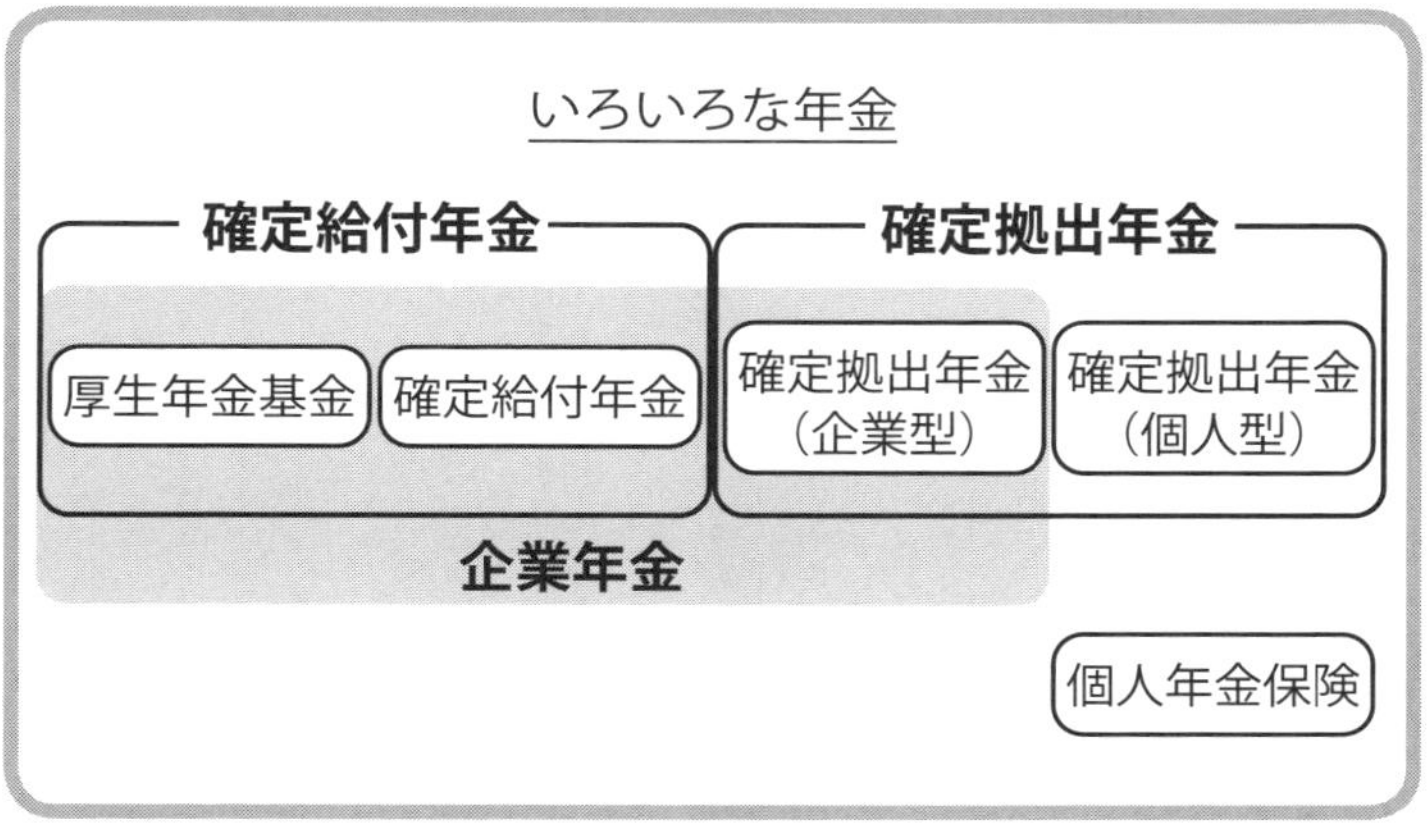

どちらも企業が決めたもので、従業員は自動的に加入するだけなので、自分で考える必要はありません。

しかし、昨今の社会の変化にともない、制度も変わってきました。

本書で解説している「確定拠出年金」もそのひとつで、加入者が自分で考えて運用する制度です。

制度が始まった２００１年以来、加入者は増え続け、いまや６１０万人以上になります（２０１６年９月末日現在）。

まさに、変わりゆく制度の主役的な存在だと言っていいでしょう。

とはいえ、今まで実施されていた制度は今後も続いていきます。

それに加えて、２０１７年の確定拠出年金制度の変更によって、状況が少し複雑になりました。

左の図を見てください。

まずは自分がどこに属するかを確認してみましょう。どれに該当するかによって気をつけるべきポイントが違ってくるので、該当する部分を確認してください。

●企業年金が一切ない・企業型確定拠出年金にも加入していない場合…図の①

この場合、選択肢は個人型のみになります。

5章を参考にして、個人型のメリットを大いに受けてください。

●勤務先が企業型確定拠出年金に加入している場合…図の②③

企業型は、積み立てるお金を出しているのが企業か個人かによって、次の2つに分かれます。

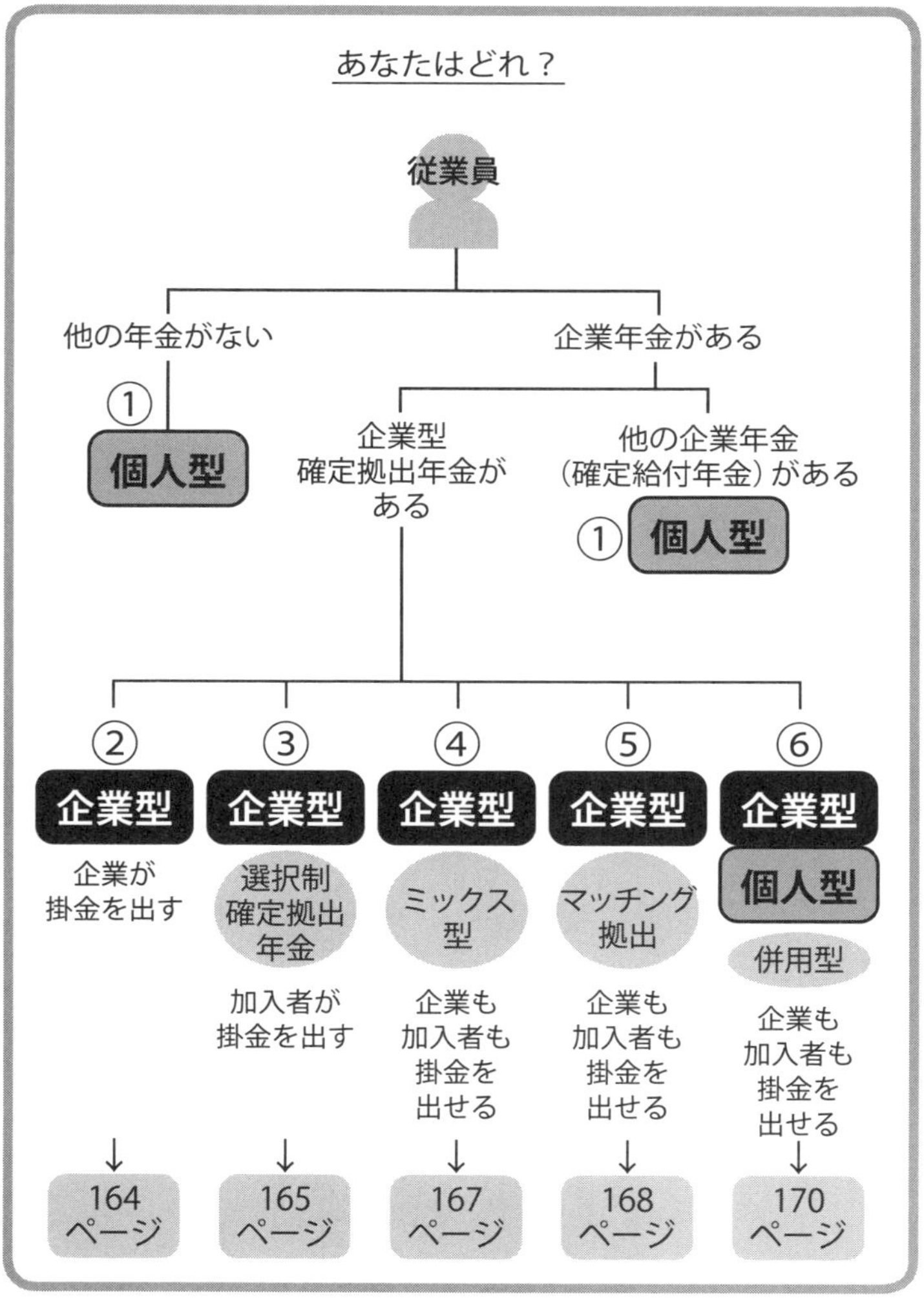
あなたはどれ？
従業員
他の年金がない
① 個人型
企業年金がある
企業型
確定拠出年金が
ある
他の企業年金
（確定給付年金）がある
① 個人型
② 企業型
企業が
掛金を出す
↓
164
ページ
③ 企業型
選択制
確定拠出
年金
加入者が
掛金を出す
↓
165
ページ
④ 企業型
ミックス
型
企業も
加入者も
掛金を
出せる
↓
167
ページ
⑤ 企業型
マッチング
拠出
企業も
加入者も
掛金を
出せる
↓
168
ページ
⑥ 企業型
個人型
併用型
企業も
加入者も
掛金を
出せる
↓
170
ページ

◆サラリーマンの確定拠出年金の種類◆

②企業が掛金を負担するタイプ

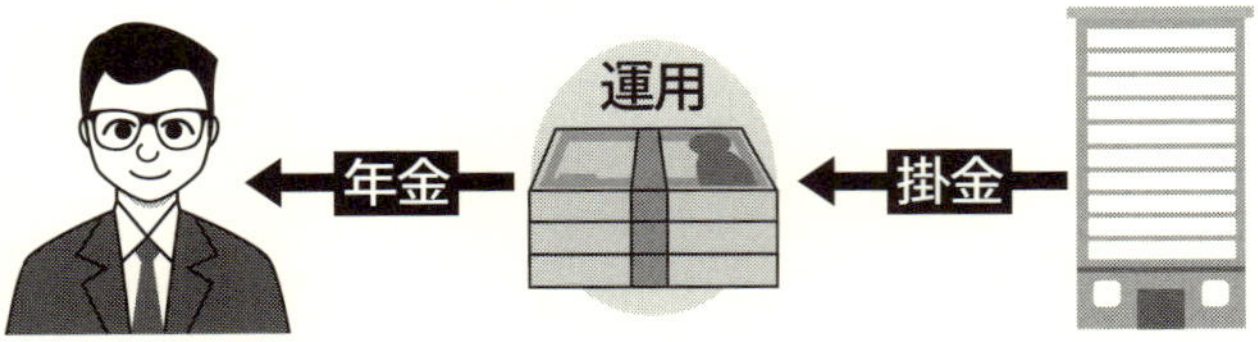

掛金	企業が出す
掛金額	企業が決める
運営管理機関・運用商品	企業が決める
定年後の受け取り	・一時金として受け取る ・年金として受け取る

・企業が掛金を負担するタイプ…図の②

このタイプでは、積み立てるお金を企業が出してくれます。

その点はいいのですが、その分、融通がきかない部分もあります。

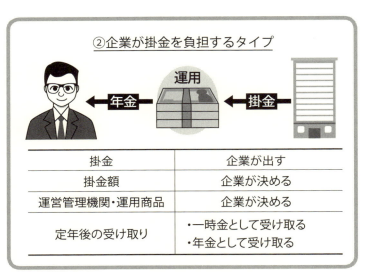

たとえば掛金額については、加入者が金額を決めることはできません。基本的に役職や等級に応じて決められることになります。

またお金の受け取り方についても、会社によっては一部を「前払退職金」として、給与や賞与といっしょに受け取れるようにしているケースがあ

③加入者が掛金を負担するタイプ

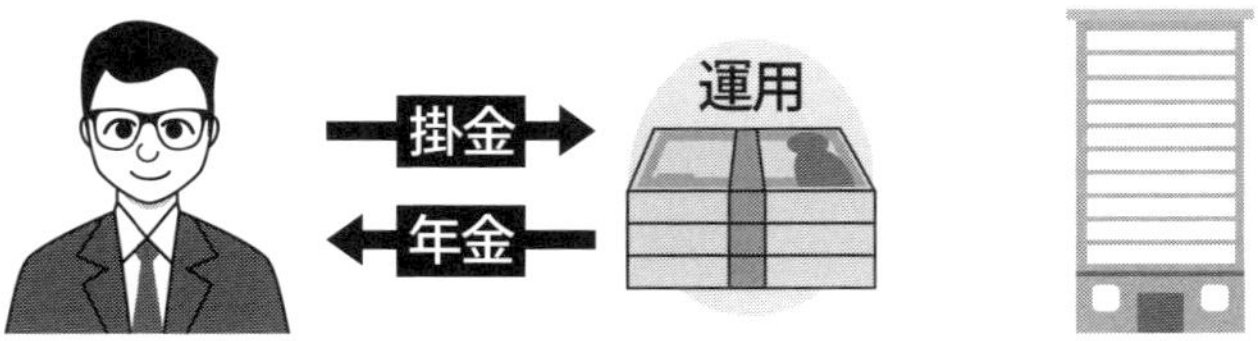

掛金	加入者が出す
掛金額	加入者が決める
運営管理機関・運用商品	企業が決める
定年後の受け取り	・一時金として受け取る ・年金として受け取る

ります。

なかには、掛金全額を確定拠出年金で積み立てるか、または前払退職金とするかの二者択一としているケースもあります。

・加入者が掛金を負担するタイプ…図の③

このタイプは、「選択制確定拠出年金」「給与拠出（賞与拠出）型確定拠出年金」などと呼ばれています。

自分で積み立てを行うということは、手取り額が減るということですが、その分、税金や社会保険料の負担も減るので、制度のメリットを受けることができます。

しかし、メリットの部分だけを見てしまうと、日々の生活に支障をきたすおそれが出てしまいます。確定拠出年金で貯めているお金は、すぐに引き出すことができません。思わぬ出費が発生した時に、借金をしなければならないおそれもあるのです。

また、あまり掛金を高額にすると「所得」が減り、結果的に傷病手当、失業給付金などの社会保険料の給付額も減ることになります。無理をせず、余裕のある範囲で積み立ててください。

なお、企業によっては、このタイプの確定拠出年金でお金を貯めると、その金額の何%かを給与やボーナスに上乗せしてくれるケースもあります。

どちらの場合も、選択肢については企業側からの提示があるはずです。その中から自分で選ぶことになります。

●他の企業年金と併用するタイプ（ミックス型）…図の④

④他の企業年金と併用するタイプ

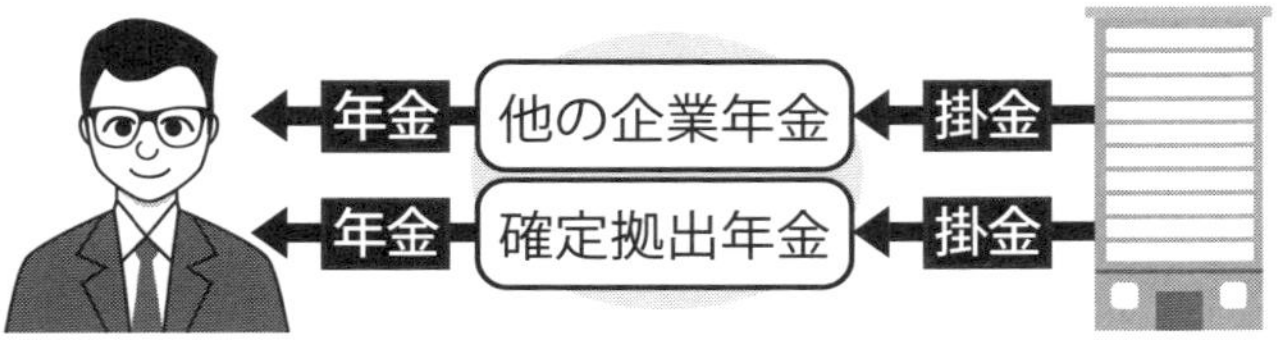

掛金	企業が出す
掛金額	企業が決める
運営管理機関・運用商品	企業が決める
定年後の受け取り	・一時金として受け取る ・年金として受け取る

企業によっては、企業年金制度を複数持っていて、運用のリスクを従業員と分け合う形にしているところもあります。

確定給付型と確定拠出型を半分ずつに分けているケースもあれば、７～８割を確定給付型、残りの２～３割を確定拠出型としているケースなど、割合はさまざまです。後者の場合は、企業年金の大部分を企業に元本保証してもらっているのと同じです。

なお、企業型には**「想定利回り」**

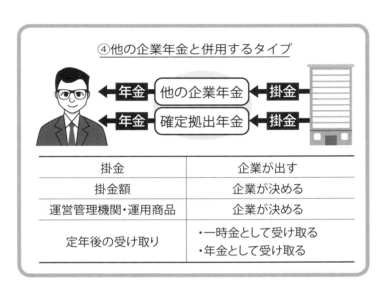

が設定されている場合もあります。

想定利回りとは、企業年金制度を確定給付型から確定拠出型へ変更した際に設定されることが多いもので、退職時に変更前と同等の給付額を受け取るために必要となる運用利回りのことを指します。

たとえば、30歳の人へ企業が毎月2万円の掛金拠出を行った場合、60歳の退職時点で1000万円の退職金を受け取るためには、年間2・1％の利回りが必要である、というような具合です。

企業によって異なりますが、1～3％の水準で設定されることが多いようです。この想定利回りを下回る水準の運用利回りが続いた場合、「退職給付規程」等で約束されていた給付額を下回ることになり、退職後の生活設計が狂ってしまう可能性もあるので、運用の際に参考となる数字になっています。

●企業型の掛金に個人が上乗せするタイプ（マッチング拠出）…図の⑤

企業が負担して積み立ててくれている掛金に、従業員が自分の給料から天引きし

⑤企業型の分に個人が上乗せするタイプ（マッチング拠出）

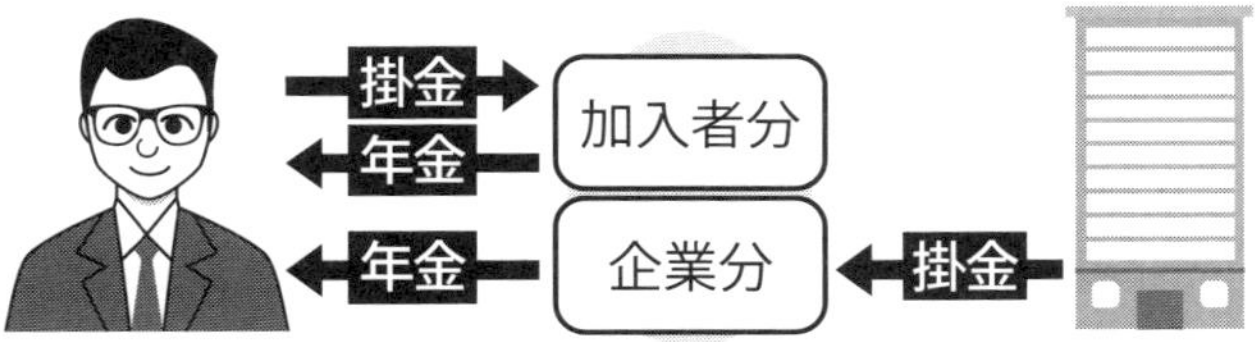

掛金	企業・加入者が出す
掛金額	企業・加入者が決める
運営管理機関・運用商品	企業が決める
定年後の受け取り	・一時金として受け取る ・年金として受け取る

て確定拠出年金の積立額を上乗せするしくみもあります。

それがマッチング拠出（加入者掛金）です。

マッチング拠出によって掛金を積み立てると、個人型と同様に所得控除（小規模企業共済等掛金控除）が適用されるので、節税しながら資産を蓄えることができます。

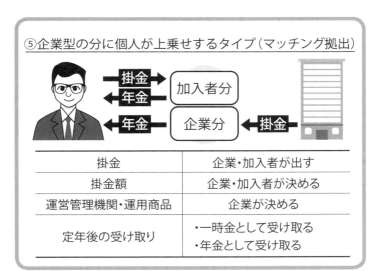

なかには、余裕資金のすべてを積み立てたいという方もいるかもしれません。

しかし、マッチング拠出できる金額には、次のような法律上の制限があります。

・事業主掛金（企業が積み立ててくれる掛金）と同額まで
・他に企業年金がある場合…合計額が２万７５００円まで
　他に企業年金がない場合…合計額が５万５０００円まで

マッチング拠出の掛金額は、年に１回変更できるようになっています。年間の予算を考えて、その年の状況に合わせて金額を見直すようにすると良いでしょう。

●企業型＋個人型（併用型）…図の⑥

企業型の確定拠出年金を導入している企業で働く従業員は、平成28年まで、個人型で掛金を積み立てることはできませんでした。個人型に資産がある人でも、企業型に資産を移換して一本化しなければなりませんでした。

しかし、平成29年1月より、企業型を導入している企業で働く人も、個人型の確

⑥企業型＋個人型（併用型）

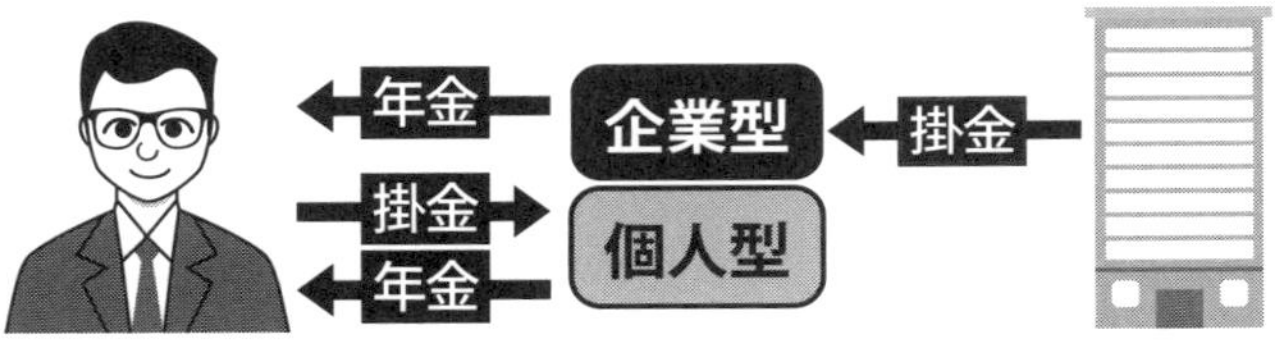

掛金	企業・加入者が出す
掛金額	企業・加入者が決める
運営管理機関・運用商品	企業・加入者が決める
定年後の受け取り	・一時金として受け取る ・年金として受け取る

定拠出年金に加入できるようになりました。

つまり、企業型と個人型を併用して資産を蓄えることができるようになるのです。

しかし、誰でも併用できるという話ではありません。併用するためには、所属先の企業が企業年金規約を変更する必要があります。

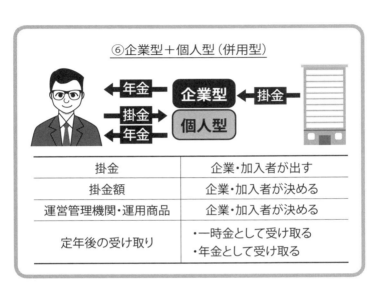

規約の変更には労使合意も必要となるため、早々に企業型と個人型が併用できるようになるには難しい側面があります。

万が一、併用できないのに個人型で掛金を積み立ててしまうと、のちのち高額な手数料を差し引かれて還付されることになるので、注意が必要です。もし、企業型と個人型を併用したいという場合は、あらかじめその可否を人事部等に確認しましょう。

このタイプは⑤のマッチング拠出と似ていますが、マッチング拠出は企業型の中で従業員の積立を上乗せするのに対し、こちらのタイプでは、企業型と別に個人型の積み立てを行うことになります。

その場合、前者では企業の掛金も従業員の掛金も同じ運営管理機関が運用しますが、後者ではそれぞれ別の運営管理機関で運用することが可能となります。

■転職の時には「移換」が必要

転職の際には煩雑な事務手続きが発生しがちですが、確定拠出年金についても同様です。

企業型確定拠出年金を導入している企業から転職する場合、それまでに運用していた資産を次の企業に移動する手続きが必要となります。

これを**「移換の手続き」**と言います。

これを忘れて退職後6ヵ月間放置すると、お金は国民年金基金連合会へ自動的に移換され、取り戻すためには手数料が必要になってしまうので、手続きを忘れないようにしましょう。

必要となる手続きは、転職先の企業年金規約等によって異なります。

たとえば、個人型確定拠出年金の加入者だった会社員の場合、転職先の会社が企業型を行っていなければ「加入者登録事業所変更届」を運営管理機関に提出します。

独立開業した場合は、「加入者被保険者種別変更届」を提出します。

転職先の会社が企業型を行っている場合は、その会社で移換手続きを行いますが、「加入者資格喪失届」の提出が必要となります。

これらの手続きはやや難しいので、運営管理機関のコールセンターに相談しながら行うと良いでしょう。

ちなみに、転職の際、次の勤務先に企業型の確定拠出年金があったほうが良いでしょうか、それともないほうが良いのでしょうか？

一概にどちらが良いとは判断できませんが、コストの面で考えると、企業型を導入している企業へ転職した方が良いと考えられます。

企業型のない企業へ転職したとすると、みずから運営管理機関を探して個人型へ加入することになります。この場合、管理手数料が自己負担となります。一方、企業型は企業がそのコストを負担してくれるので、手数料の負担は発生しません。

ただし、企業型確定拠出年金がなくても、確定給付企業年金などの他の制度が充実していれば、老後の資産準備という観点で見ると有望です。その場合は別途、個人型で確定拠出年金の積み立てを行って、さらに老後の資産を充実させるという方法も考えられます。

なお、万が一勤めている会社が倒産してしまった場合も、積み立てたお金は資産管理機関によって保全されます。加入者が安心して将来の準備をできるしくみになっているのです。

■企業型の税金キャッシュバックの手続き

企業型確定拠出年金で、払いすぎた所得税をキャッシュバックしてもらう方法、つまり税金の還付手続きは簡単です。

企業で掛金を積み立ててもらっている場合は、収入としてカウントされていないので特別な手続きはありません。

キャッシュバックの対象となるのは、169ページに出てきたマッチング拠出を行っている場合です。

マッチング拠出は収入としてカウントされた給料から積み立てているので、毎月の給料から源泉徴収が行われています。そのため、年末調整によって所得控除分を計算して所得税を還付してもらうことになります。

天引きで掛金を拠出している場合、税金関連の作業はすべて企業側が行ってくれるので、従業員が書類を提出したりする必要はありません。企業に任せておけば、自動的にその後の源泉徴収税額から還付額を差し引いておいてくれます。

一方、口座引き落としで掛金を拠出している場合は、支払調書を会社に提出して年末調整を行う必要があります。経験がないうちは面倒に思うかもしれませんが、実際はそれほど手間はかかりません。キャッシュバックのためにも、忘れず行ってください。

7章

将来、お金を受け取る時の話

■障害年金としての機能がある

最後に、将来お金を受け取る時の説明をします。
確定拠出年金のお金は基本的に60歳にならないと引き出せませんが、一部例外がありま す。まずはそのケースを見てみましょう。

60歳以前に引き出すことができるのは、加入者が障害者になった場合です。
障害を負うと、それまで貯めてきたお金を**「障害給付金」**として引き出すことができるようになります。

受け取りができるのは次のような方です。

①障害基礎年金の受給者
②身体障害者手帳（1級から3級までの者に限る）の交付を受けた方

③療育手帳（重度の者に限る）の交付を受けた方
④精神保健福祉手帳（1級及び2級の者に限る）の交付を受けた方

そして、障害者になったからといって、それ以降確定拠出年金の積み立てができなくなるということはありません。通常通り、60歳になるまで積み立て続けることができます。

国民年金にもこの機能がありますが、ダブルで受け取ることができるのだから、より安心です。

障害給付金は一時金形式でも年金形式でも、どちらでも引き出し可能で、非課税です。

ただし、引き出す際には手数料がかかるので、年金形式のように引き出し回数が多くなると、それだけ手数料の負担が重くなる点には注意しましょう。

■遺族年金としての機能もある

また、もし加入者が亡くなった場合は、遺族が確定拠出年金の資産を受け取ることになります。死亡とともに消失するということはありませんのでご安心ください。この場合はもちろん、加入者が60歳になるはずだった年まで受け取りを待たなければいけないということもありません。遺族はいつでも給付の手続きを行えます。万が一の時に遺族を励ますことになるので、確実に受け取れるように、遺言書に「確定拠出年金の資産があるよ」と書いておくと良いでしょう。

遺族は**「死亡一時金」**としてお金を受け取ることになります。

なお、加入者の死亡後3年以内に手続きを行うと、「みなし相続財産」として相続税の対象となります。

とはいえ、退職金と同様の扱いとなるため、他の退職金等と合わせて「500万円×法定相続人の数」の非課税枠を利用することができます。つまり、法定相続人が3人いれば、1500万円までは無税で受け取ることができることになります。

いずれにせよ、万が一みなさんの身体に何かが起こったとしても、それにより資産が滅失することはありません。自分の資産、あるいは遺族の資産として、有効に活用することができます。

■老齢給付金を受け取る手続き

60歳になると、いよいよ資産を受け取ることができるようになります。この時の手続きを「老齢給付金の給付手続き」と呼びます。

60歳間近になると、運営管理機関からお知らせが届きます。その後、裁定請求に関する書類を提出することによって、給付が開始されます。

もし、受給をもう少し先にしたいという場合は、書類を出さなくてもかまいません。お金が必要となった時に提出すれば、その時点から支給開始になります。

給付の方法には、次の2種類があります。

・一時金として受け取る
・年金形式で分割して受け取る

これに加えて、運営管理機関によっては一部を一時金で受け取り、残りを年金形式で受け取ることも可能です。

ただし、ここでも給付の際に「給付手数料」がかかることには注意が必要です。一般的に1回あたり400円（+消費税）の負担となるため、年金形式のように給付の回数が複数に及ぶ時は、手数料の負担が重くなってしまいます。

また、確定拠出年金に資産が残っている間は管理費用が発生するため、掛金の積み立てが終わったら、早々に全額を一時金で引き出すという手段を考えてもいいかもしれません。

なお、70歳まで手続きをしなかった場合は、確定拠出年金の資産を一時金として受け取ることになります。

また、確定拠出年金に加入していたり、運用指図者であった期間（「通算加入者等期間」といいます）が10年に満たない場合は、給付手続きは61歳以降となります。場合によっては、65歳にならないと給付手続きができないこともあります。

せっかく積み立てても受け取り開始が遅くなるかもしれないので、特に50歳以上で確定拠出年金の加入を検討している人は注意しましょう。

■お金を受け取る時は税金がかかる

所得控除を受けつつお金を貯められるおトクな確定拠出年金ですが、そのまま無税で受け取ることができれば完璧と言えるかもしれません。

退職金にかかる税金の計算

（退職金の金額 － 退職所得控除額）× 2分の1

勤続年数20年以下・・・40万円×（勤続年数）
勤続年数20年超・・・800万円＋｛70万円×（勤続年数－20年）｝

※勤続年数に端数がある場合は、たとえ1日でも1年として計算する
※勤続年数に関わらず、最低80万円の控除がある

しかし残念ながら、お金を受け取る時（老齢給付）は課税の対象となります。

とはいえ、多額の税金を取られてしまうのかというと、そういうわけでもありません。

確定拠出年金の資産を受け取る方法には「一時金方式」「年金方式」の2つがあることは前述しましたが、この受け取りかたによって税金の計算方法が変わります。

●一時金として受け取る場合

一時金で受け取る場合は、税制上は退職金と同じ扱いとなり**「退職所得」**に分類されます。

退職金は税制上、とても優遇されています。

それと同じしくみが確定拠出年金にも適用され

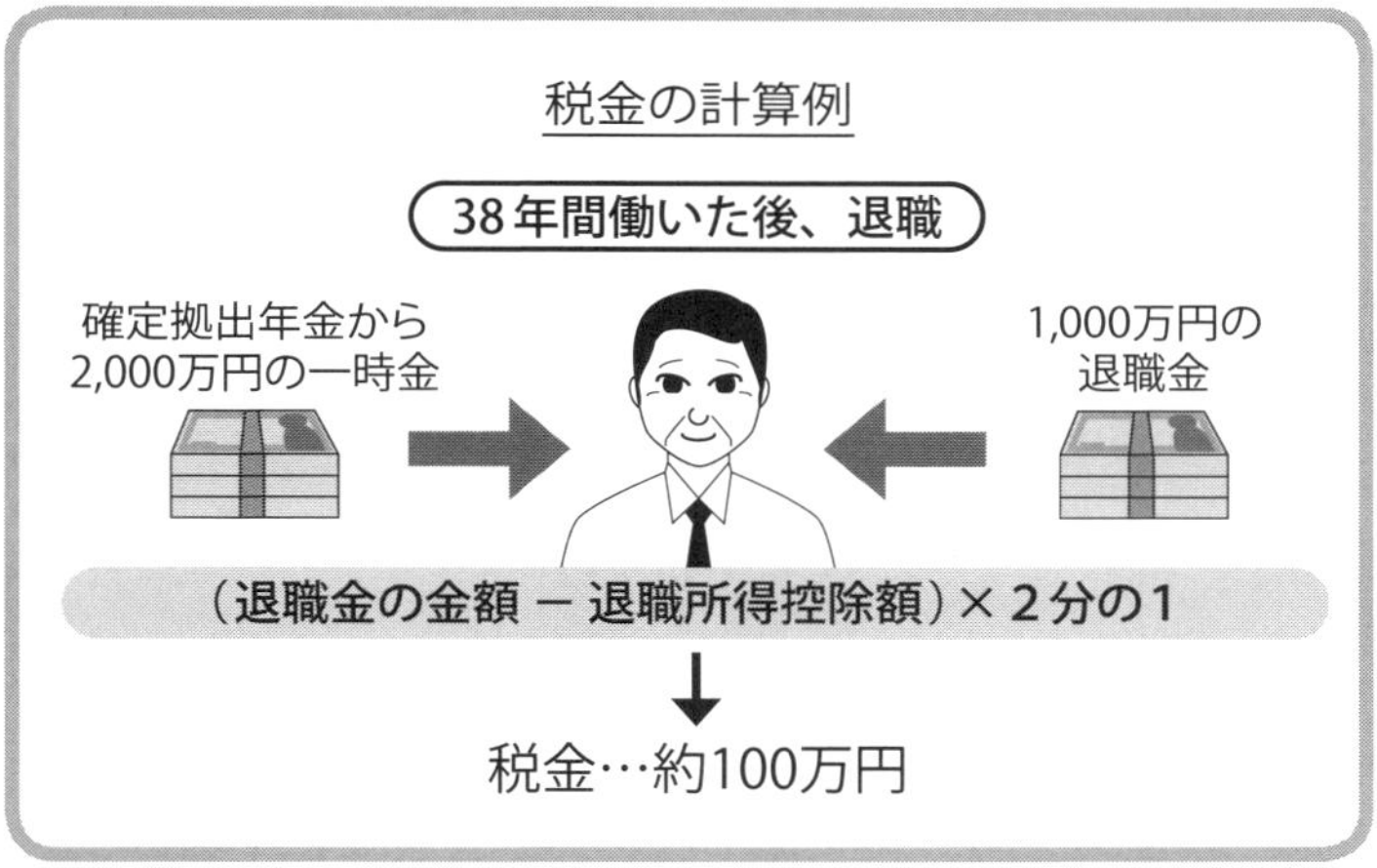

るのです。

確定拠出年金に加入してお金を積み立てている期間のことを**「通算加入者等期間」**と呼びますが、この期間が退職金でいう「働いていた期間」に該当します。

そのため、確定拠出年金で貯めたお金を一時金として受け取る場合、大幅な所得控除が受けられます。

また、所得控除される額をオーバーしたとしても、驚くような額の税金を請求されるようなケースは考えにくいでしょう。

38年間確定拠出年金に加入して働き、企業から１０００万円の退職金をもらい、同時に確定拠出年金からも２０００万円の一時金を受け取ったケースが上の図です。

この場合、税負担は受け取る総額の5％にも満たない計算になります。退職金と同様、確定拠出年金が優遇されていることが分かるでしょう。

●年金形式で分割して受け取る場合

年金形式として分割で確定拠出年金の資産を受け取る場合は、老齢基礎年金や老齢厚生年金と同様、税制上は**「雑所得」**となります。

この場合は、毎年の年金額がまるまる課税の対象になるのではなく、**「公的年金等控除」**分を差し引いて税金が計算されます。

65歳になるまではこの控除額はやや少ないですが、それでも毎年70万円までは無税で受け取ることができます。

これらの点を合わせて考えると、確定拠出年金を年金形式で受け取る場合は、60歳～65歳の5年間に受け取るのが賢明と言えるでしょう。

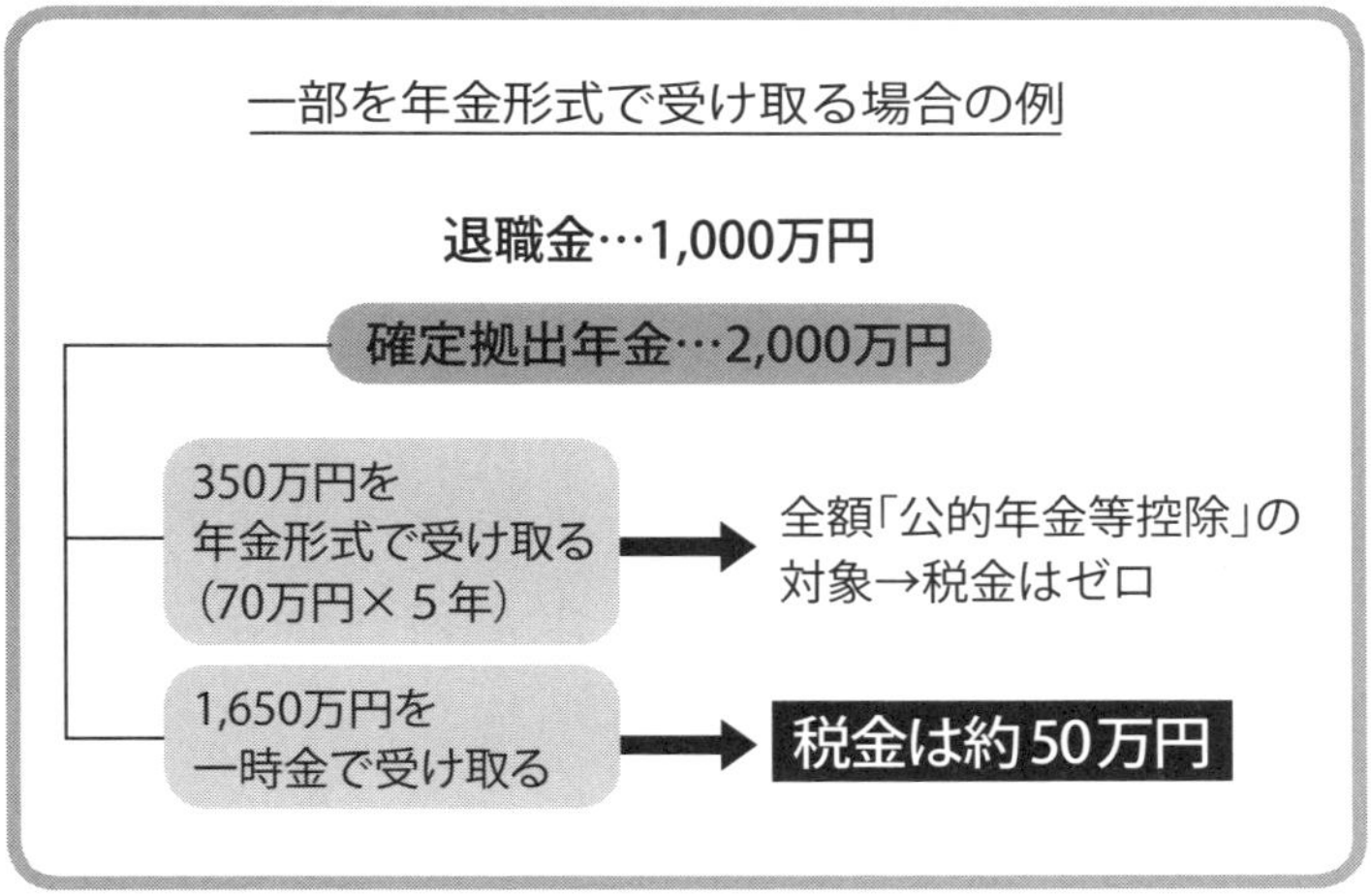

次のようなケースを考えてみましょう。

退職金として１０００万円、そのほかに確定拠出年金から２０００万円を受け取ります。そして、確定拠出年金から３５０万円を年金形式で受け取るとします。

まず、年金形式で受け取る３５０万円は、毎年の公的年金等控除の範囲内なので、税金はかかりません。

残りを一時金として受け取ると、その分には税金がかかりますが、上図のような計算となるので、税額は約50万円となります（手数料等を除く）。

このように、確定拠出年金は受け取り方次第で、より有利に資産を引き出すことも可能となっているのです。

確定拠出年金は、少し工夫すれば自分の将来を有利にすることができる優れた制度です。

国が認めたこの制度を賢く活用し、将来に備えてください。

おわりに

先日、とあるセミナー会場でひとりの受講者の方に「もう少し勉強してから始めてみようと思います」と言われました。

金融商品を検討・購入するにあたっては、十分に内容を勉強して理解できるようになってから購入するのは大切なことです。しかしながら、確定拠出年金制度は金融商品ではありません。これは制度です。

制度は「使うか、使わないか」の二者択一です。使えばメリットを享受できますし、使わなければメリットはありません。

さらに、この制度はさかのぼって適用を受けることができません。つまり、早く始めるほど、メリットは大きくなるのです。

確定拠出年金制度は法律に基づく、一人一口座だけ利用可能な平等な権利です。でも、この権利は、行動した人にだけメリットがあります。

おわりに

ここでの行動とは、まずは「加入」です。少しでも早く加入して、税金を取り戻す権利を行使していきましょう。手数料や金融機関に悩むより、まずは始めることです。

何もしなければ、あなたが手にできるはずのお金は税金として国に納まります。行動した人は、税制優遇を受け税金をキャッシュバックされて自分名義の口座にお金が増えます。税金として取られたままか、自分名義の口座にお金を残すか——あなたはどちらを選びますか？

公的年金に不安感を抱いていない日本国民はいません。

確定拠出年金制度は公的年金を補完する制度として存在します。

公的年金に不安を持つ、確定拠出年金制度に加入可能な約６７００万人全員が、この権利を安心して使っていただけることに本書が貢献することを願います。

プルーデント・ジャパン株式会社代表取締役　瀧川茂一

【著者】

瀧川茂一（たきがわ・しげかず）

プルーデント・ジャパン株式会社代表取締役。

早稲田大学大学院ファイナンス研究科修了。ファイナンス修士（専門職）MBA、企業年金管理士、DCコンシェルジェ®。

システムエンジニアを経て、自身のライフイベントをきっかけに、確定拠出年金分野での教育専門会社である同社に入社。多くの運営管理機関からのアウトソース業務を請けつつ、大手確定拠出年金制度導入企業から直接「加入者目線の継続教育」の企画を依頼され年間200回以上の「DC継続教育」プロデュースを手掛ける。

小山信康（こやま・のぶやす）
ＣＦＰ®、FP技能士１級、１級企業年金総合プランナー、DCコンシェルジェ®。
主な著書は『投資は投資信託だけでいい』『リターンとリスクがよくわかる図解投資のカラクリ』（小社刊）、『貯金のできる人できない人』（マイナビ新書）、『お金持ちは2度カネを生かす！』（経済界）など。

5,000円から始める確定拠出年金

平成29年2月22日第一刷
平成29年2月23日第二刷

著　者　　瀧川茂一　小山信康

発行人　　山田有司

発行所　　株式会社　彩図社
東京都豊島区南大塚3-24-4
ＭＴビル　〒170-0005
TEL：03-5985-8213　FAX：03-5985-8224

印刷所　　シナノ印刷株式会社

URL：http://www.saiz.co.jp
https://twitter.com/saiz_sha

ISBN978-4-8013-0199-3 C0033